よくわかる！

日本語能力試験 合格テキスト N1

漢字

留学生就職サポート協会 監修
渡部聡子 著

はじめに

　私たち留学生就職サポート協会は2019年8月に発足した一般社団法人です。日本に留学した外国人留学生が日本の教育機関を卒業後、日本の企業に就職するためのサポートを目的としています。

　そこで、私たちは留学生たちが日本語能力試験N1に合格できる日本語の力が身につく学習塾の開講を考え始めました。こうして2020年4月から「N1塾」の授業が始まりました。

　教授陣は日本や国外の大学のほか、国内の日本語学校で長く日本語を教えている経験豊かな、優れた日本語教育者ばかりです。

　本シリーズは1年間をかけて教授陣が何度も検討会を積み重ね、ようやく自分たちの教授経験を盛り込んだテキストを作成し、『よくわかる！日本語能力試験N1合格テキスト』5冊として刊行することになりました。

　どの領域も学習者が興味を持ち続け、学習意欲を落とさずに日本語能力が高められるように工夫されています。留学生の皆さんがこの教科書を手にし、最後まで手放さず日本語能力試験N1に合格できることを私たちは心から祈っています。

　どうぞ、この『よくわかる！日本語能力試験N1合格テキスト』を信頼して学習を進めていってください。N1試験に合格すると日本企業への就職が大変有利になります。

2021年2月

留学生就職サポート協会理事長 南雲　智

◎本書の学び方について

☆　漢字の読み方や意味を理解するのは第一の目的ですが、理解したら、生活の中で実際に使ってみてください。

☆　教科書にある質問は日本の文化や歴史に興味を持っていただけるように入れました。

☆　教科書に絵を描くように求めている箇所があります。漢字を覚えていただき、友人との日本語会話で使ってみてください。

第4章　「様子」を表す漢字を覚えよう II

第5章　人と人を表す漢字を覚えよう

第6章　「生活」に関する漢字を覚えよう

【本書で学べる漢字】一覧

1 動詞の漢字① ┃ 主に他動詞

扱	あつか‐う

・丁寧に扱う
・本を扱う店
・危険物の扱いには気を付けよう

> **質問** ▶ 次の店の名前は？
>
> 　　1　本を扱う店　→（　　　　　　　）　　2　薬を扱う店　→（　　　　　　　）
> 　　3　野菜を扱う店　→（　　　　　　　）

踏	ふ‐む ふ‐まえる トウ

・ブレーキを踏む／経験を踏まえて話す
・前例を踏襲する

塗	ぬ‐る ト

・ペンキを塗る／塗り薬
・塗装の仕事／患部に薬を塗布する

> **質問** ▶ どんな時塗り薬を使いますか？
>
> 　　1　（　　　　　　　　　　）とき　　2　（　　　　　　　　　　）とき

伏	ふ‐す フク

・本を伏せて置く
・感情の起伏が激しい

叱	しか - る シツ

≒ 叱責_{しっせき}する ≒ 叱_{しか}る（意味は大体_{だいたい}同じ）

・母に叱_{しか}られる
・部下_{ぶか}を叱責_{しっせき}する

唱	とな - える ショウ

・呪文_{じゅもん}を唱_{とな}える／異議_{いぎ}を唱える
・文部省唱歌_{もんぶしょうしょうか}を歌_{うた}う

聴	き - く チョウ

説明 聴_きく → 気持ちを入れて聴く／注意_{ちゅうい}して聞く
聞_きく → うわさを聞く／忠告_{ちゅうこく}を聞く

・講義_{こうぎ}を聴_きく／名曲_{めいきょく}を聴く
・聴衆_{ちょうしゅう}の前で指揮_{しき}する
・ご清聴_{せいちょう}ありがとうございました

眺	なが - める チョウ

≒ 眺_{なが}め ≒ 眺望_{ちょうぼう}

・美しい景色_{けしき}を眺_{なが}める
・眺_{なが}めがいい場所
・眺望_{ちょうぼう}がすばらしい

2 動詞の漢字② ｜ 主に他動詞

磨	みが-く マ

・歯を磨く／腕を磨く
・ダイヤモンドを研磨（けんま）する

質問 磨く物を探そう （　　　　　）（　　　　　）（　　　　　）

奪	うば-う ダツ

≒ 略奪する ≒ 奪う

・財産（ざいさん）を奪（うば）う／命（いのち）を奪う　・金品（きんぴん）を略奪（りゃくだつ）する

妨	さまた-げる ボウ

≒ 妨害する ≒ 妨げる

・騒音（そうおん）が安眠（あんみん）を妨（さまた）げる　・進行（しんこう）を妨害（ぼうがい）する

伴	ともな-う ハン

・高齢化（こうれいか）に伴（ともな）う介護（かいご）問題
・保護者同伴（どうはん）の面接

諦	あきら-める テイ

・日本での就職（しゅうしょく）を諦（あきら）められない
・諦観（ていかん）の境地（きょうち）

避	さ-ける ヒ

≒ 避（さ）ける ≒ 回避（かいひ）する

・危険（きけん）を避ける　・安全（あんぜん）に避難（ひなん）する／避難所（ひなんじょ）

尋	たず-ねる ジン

説明 尋（たず）ねる…探し求める／問う「人に道を尋ねる」「行方（ゆくえ）を尋（たず）ねる」
訪（たず）ねる…訪問する「友人の家を訪（たず）ねる」「京都を訪（たず）ねる」

・生き別（わか）れの母を尋（たず）ね歩（ある）く　・不明（ふめい）な点（てん）を尋（たず）ねる

促	うなが-す ソク

・注意を促す／町の発展を促す
・販売を促進（そくしん）させる

質問 促すことを探そう （　　　　　）（　　　　　）（　　　　　）

確認問題 1

問題 1 （ a. b ） 正しい使い方に〇を付け、その上に読み方も書きましょう

① 電車で足を （ a. 伏まれて　b. 踏まれて ） 嫌な気分になった。

② 母に （ a. 塗られて　b. 叱られて ） 悲しかった。

③ 生き別れの母を （ a. 訪ねて　b. 尋ねて ） アメリカへ行くことにした。

④ ペンキを （ a. 塗った　b. 磨いた ） ばかりなので、座らないでください。

⑤ 歯をきれいに （ a. 磨く　b. 洗う ） とすっきりします。

問題 2 （　　　　）にあてはまる漢字を下から選んで、書き入れなさい。

　　　　必要な場合は形を変えて書きなさい。

① この本屋（ほんや）は、外国の本も （　　　　　） いる。

② 美しい景色（けしき）を （　　　　　） ながら、食事をする。

③ アラビアンナイトという物語は、呪文（じゅもん）を （　　　　　） 場面が面白（おもしろ）い。

④ 本を （　　　　　）、漢字を暗記（あんき）する。

⑤ 大学の講義（こうぎ）を　まじめに （　　　　　）。

⑥ 危険（きけん）を （　　　　　）、安全な場所に避難（ひなん）する。

⑦ 国の友だちは、進学を （　　　　　）、帰国してしまった。

⑧ 来週（らいしゅう）、社長に （　　　　　）、出張（しゅっちょう）することになった。

諦める	伏せる	聞く	唱える	扱う
避ける	奪う	聴く	眺める	伴う

3 動詞の漢字③ 他動詞

譲 ゆず-る／ジョウ
・お年寄りに席を譲る
・互いに譲歩する／財産を譲渡する　・親譲りの性格

質問 親譲りの性格ってどんな性格ですか？　（　　　　　　　）

削 けず-る／サク
・鉛筆を削る／予算を削る
・予算を削減する

挿 さ-す／ソウ
・花びんに花を挿す／本の挿し絵
・イラストを挿入する…好きなイラストを描いてください

併 あわ-せる／ヘイ
・手を併せて拝む
・会社の合併／隣国に併合される

慎 つつ-しむ／シン
・言葉を慎む
・慎重に行動する

質問 どんな時、慎重に行動しますか？　（　　　　　）（　　　　　）

諭 さと-す／ユ
・やさしく諭されて納得する。
・小学校教諭

侮 あなど-る／ブ
・世間を侮ってはいけない。
・人を侮辱する

辱 はずかし-める／ジョク
説明 辱める（動詞）→ 恥ずかしい思いをさせる
恥ずかしい（い形容詞）
・人前で辱められる　・試合に勝ち雪辱を果たす

褒	ほ - める ホウ	・誰でも褒められると嬉しいものだ ・褒美をもらうとうれしい
慰	なぐさ - める なぐさ - む イ	・失意の友人を慰める ・名曲を聴くと気分が慰む　・慰安旅行に出かける
奮	ふる - う フン	・勇気を奮って前に進む ・興奮する／一人で奮闘する
貪	むさぼ - る ドン	・貪るように本を読む ・貪欲に知識を吸収する

四字熟語

切磋琢磨 って何？／だれと？

意味 ① 学問に励み、道徳を磨くこと

② 友人などと交わって、互いに励まし合いながら学問や徳を磨くこと（高めること）

例文 ・日本語学校では、クラスメイトの A さんと**切磋琢磨**し合いながら勉強をがんばった。

孤軍奮闘 って何？／どんな時？

意味 ① 助けのない軍勢が、必死で戦うこと

② 助ける者もなくただ一人で懸命に努力すること

構成 「**孤軍**」は、助けのない孤立した軍勢　「**奮闘**」は、奮い戦うこと

例文 ・留学生活の初めは、**孤軍奮闘**の日々だったのかもしれない。

料理も国に電話をしながら覚え、近くのスーパーへ行くにもドキドキしながら行った。

そのうち学校で友達ができ、広い世界に飛び出したような気がした。

（　　　　　）にあてはまる漢字を下から選んで書きなさい。

必要な場合は形を変えて書きなさい。

① お年寄りに席を（　　　　　）ろう。

② 私が子どもの時はナイフで鉛筆を（　　　　　）いた。

③ 敵（てき）を（　　　　　）はいけない。

④ （　　　　　）られると、誰でも嬉（うれ）しいものだ。

⑤ 友だちに（　　　　　）れて、少し元気になった。

⑥ 花びんに花を（　　　　），部屋をかざる。

⑦ 母にやさしく（　　　　　）て、ようやく納得（なっとく）できた。

⑧ 夏休みは、時間があるので（　　　　　）ように本を読む。

⑨ インフルエンザが猛威（もうい）を（　　　　　）。

⑩ ２つの会社を（　　　　）て、事業を拡大（かくだい）する。

合併する	奮う	侮る	褒める	慰める
挿す	貪る	諭す	譲る	削る

問題2 左の文と合う右の文を線でつなぎましょう。

また<u>下線部</u>の漢字の読みがなも書きましょう。

① 社長の前では ・　　　　　　　　　　・a 難しい課題に挑戦する。

② 勇気を<u>奮</u>って ・　　　　　　　　　・b 三千人の学生がいる。
　（　　　　）

③ 両校を<u>併</u>せると ・　　　　　　　　・c 鉛筆も<u>削</u>った。
　（　　　　）　　　　　　　　　　　　　　　　（　　　　）

④ 何事にも積極的なのは ・　　　　　　　・d <u>親譲</u>りの性格だ。
　　　　　　　　　　　　　　　　　　　　　（　　　　）

⑤ 昔は宿題が済んだあと ・　　　　　　　・e 本に<u>挿</u>し絵を入れる。
　　　　　　　　　　　　　　　　　　　　　（　　　　）

⑥ ストーリーに合わせて ・　　　　　　　・f 言葉を<u>慎</u>むべきだ。
　　　　　　　　　　　　　　　　　　　　　（　　　　）

⑦ 学生時代は ・　　　　　　　　　　・g まじめに働くようになった。

⑧ 店長に<u>諭</u>されて ・　　　　　　　・h <u>貪</u>るように本を読んだものだ。
　（　　　　　　）　　　　　　　　　　　　　（　　　　）

4 動詞の漢字④｜自動詞

躍	おど-る ヤク

・希望に胸が躍る　　　　・世界で活躍する

説明 踊る → 揺れ動く
　　・タンゴを踊る　　　　・バブルに踊る

黙	だま-る モク

・黙って本を読む
・黙々と仕事に励む／黙読

質問 あなたがゆっくり本を読める場所はどこですか？　　（　　　　　　　　　　）

迫	せま-る ハク

・論文の提出期限が迫る
・事態が切迫する

輝	かがや-く キ

・星が夜空に輝く
・光輝を放つ

劣	おと-る レツ

・性能が劣る
・劣悪な環境で暮らす

質問 劣悪な環境ってどんな環境ですか？　　（　　　　　　　　　　　　　　）

揺	ゆ-れる ヨウ

・風で木の葉が揺れる
・動揺する

質問 揺れるものってどんなもの？
（　　　　　　　　）

1 意味がいろいろある動詞など

拭	ふ-く ぬぐ-う ショク

説明 どちらも汚れ、水気などをとる
隅々までこすってきれいにする
「ぬぐう」は、汚点やマイナス面を取り去る意味でもつかう

・汗を拭く（拭う）／涙を拭く（拭う）
・窓を拭く／食器を拭く／テーブルを拭く
・劣等感を拭い去る／疑念を拭い切れない
・古いイメージを払拭する

跳	と-ぶ はね-る チョウ

・跳び箱を跳ぶ
・うさぎが跳ねる　　　・跳躍の練習

裂	さ-く さけ-る レツ

・紙を裂く　　　・傷口が裂ける
・細胞が分裂する／気温が氷点下になり水道管が破裂する

弾	ひ-く はず-む／たま ダン

・バイオリンを弾く　　　「引く」→くじ・引き算
・声が弾む　　「弾く」→ピアノ・ギター（楽器など）
・ピストルの弾に当たる
・爆弾を仕掛ける　　　　　（　　　　）（　　　　）（　　　　）

質問 「弾む」ものは何？　　（　　　　　　　　　　　　　　　　　　　　　）

隠	かく-す かく-れる イン

・姿を隠す
・月が雲に隠れる　　　・故郷に帰って隠居する

2 意味がいろいろある動詞など

挑	いど-む チョウ	≒ 挑戦する ≒ 挑む ・チャンピオンに挑む　・難問に挑戦する

操	あやつ-る みさお ソウ	・人形を操る／操を守る ・朝の体操／パソコンの操作

質問　操作する（できる）ものは？

（　　　　　　　　　）

誓	ちか-う セイ	・神に誓う ・誓約書を書く

━━━ 四 字 熟 語 ━━━

臥薪嘗胆

意味 かたきを討つために、また大きな目的を果たすために、長い間試練に耐え苦労すること。

「臥薪」は薪の上に寝ること。「嘗胆」は苦い肝を嘗めること。

例文 ・臥薪嘗胆の日々を乗り越え、ようやく目的を達成することができた。

再三再四 って何？

意味 「再三」を強めていう語。繰り返し何度も。

例文 ・彼は再三再四注意されたのに、まだ懲りない。

確認問題 3

問題 1　正しい使い方に○を付けましょう。また読み方を書きましょう。

① 試験に合格し、うれしくて心が （　a. 踊る　　b. 躍る　）。

② テーブルが汚れているので、きれいに （　a. 伏く　b. 拭く　） ように頼んだ。

③ バイオリンの練習を繰り返し、上手に （　a. 引ける　b. 弾ける　） ようになった。

④ 跳び箱を （　a. 飛ぶ　b. 跳ぶ　） のが得意だ。

⑤ 大きな地震で地面が （　a. 避ける　　b. 裂ける　） ことがある。

問題 2　（　　　） の中にあてはまる漢字を下から選んで書きましょう。

　　　　また必要があれば、形を変えて書きなさい。

① 彼は読書が好きで、教室ではいつも （　　　　　） 本を読んでいる。

② レポートの提出期限が （　　　　） いるので、とても忙しい。

③ 星がきれいに （　　　　　） 夜空の下で、デートしてみたい。

④ 安いパソコンは、性能が （　　　　　） 場合があるので、よく考えて買おう。

⑤ 日々練習を繰り返し自分の限界に （　　　　　）。

⑥ 人形劇は、人形を糸で （　　　　　） のが難しい。

⑦ 結婚式で、彼女を幸せにすることを、神に （　　　　　）。

劣る	操る	輝く	挑む	迫る	黙る
隠す	引く	躍る	誓う		

1 自動詞・他動詞・形容詞などを含む漢字

| 耐 | た-える
タイ | ・厳しい練習に耐える
・忍耐強い人 |

| 慌 | あわ-てる
あわ-ただしい
コウ | ・突然の地震に慌てる
・毎日が慌ただしい　　・世界恐慌 |

あなたが慌てるのはどんな時？　（　　　　　　　　　　　　　　　　）

あなたが慌ただしいのはいつ？　（　　　　　　　　　　　　　　　　）

| 覆 | おお-う
くつがえ-る
フク | ・落ち葉に覆われた道
・政権が覆る／最高裁で判決が覆った　　・船が転覆する |

| 砕 | くだ-く
くだ-ける
サイ | ・氷を砕く／心を砕く　　・当たって砕けろ
・敵軍を粉砕する／ミキサーで粉砕する |

質問 あなたが今、砕きたいものは何ですか？　（　　　　　　　　　　　　）

| 挟 | はさ-む
はさ-まる
キョウ | ・本にしおりを挟む
・ドアに荷物が挟まる　　・前後から挟撃する |

| 惜 | お-しむ
お-しい
セキ | ・時間を惜しんで働く
・惜しい人物を亡くす　　・一点差で惜敗する |

質問 失くして惜しいものは何？　（　　　　　　　　　　　　　　　）

嘆	なげ - く なげ - かわしい タン

・友の死を<ruby>嘆<rt>なげ</rt></ruby>く
・<ruby>嘆<rt>なげ</rt></ruby>かわしい事件が起こる　　・思わず<ruby>感嘆<rt>かんたん</rt></ruby>の<ruby>声<rt>こえ</rt></ruby>を<ruby>上<rt>あ</rt></ruby>げる

驚	おどろ - く おどろ - かす キョウ

・<ruby>予想外<rt>よそうがい</rt></ruby>の<ruby>出来事<rt>できごと</rt></ruby>に<ruby>驚<rt>おどろ</rt></ruby>く
・<ruby>世間<rt>せけん</rt></ruby>を<ruby>驚<rt>おどろ</rt></ruby>かせたニュース
・<ruby>驚異的<rt>きょういてき</rt></ruby>な記録を出す

> **質問** 日本に来て驚いたこと
> ベスト3は何ですか?
>
> (1)＿＿＿＿＿＿＿＿＿＿＿＿＿＿。
>
> (2)＿＿＿＿＿＿＿＿＿＿＿＿＿＿。
>
> (3)＿＿＿＿＿＿＿＿＿＿＿＿＿＿。

憩	いこ - う いこ - い ケイ

・<ruby>木陰<rt>こかげ</rt></ruby>で<ruby>憩<rt>いこ</rt></ruby>う
・カフェは<ruby>憩<rt>いこ</rt></ruby>いの<ruby>場<rt>ば</rt></ruby>だ
・しばらく<ruby>休憩<rt>きゅうけい</rt></ruby>する

> **質問** あなたの憩いの場はどこ?　　(　　　　　　　　　　　　　　　　　　　)
>
> 憩いの時間は?　　(　　　　　　　　　　　　　　　　　　　　　　　　　)

忍	しの - ぶ しの - ばせる ニン

・<ruby>恥<rt>はじ</rt></ruby>を忍ぶ／
　<ruby>人目<rt>ひとめ</rt></ruby>を<ruby>忍<rt>しの</rt></ruby>んで泣く
・<ruby>足音<rt>あしおと</rt></ruby>を<ruby>忍<rt>しの</rt></ruby>ばせる
・<ruby>忍耐<rt>にんたい</rt></ruby>強い性格／<ruby>忍者<rt>にんじゃ</rt></ruby>

狂	くる - う くる - おしい キョウ

・<ruby>予定<rt>よてい</rt></ruby>が<ruby>狂<rt>くる</rt></ruby>う／気が狂う
・<ruby>狂<rt>くる</rt></ruby>おしい気持ち
・<ruby>合格<rt>ごうかく</rt></ruby>の<ruby>知<rt>し</rt></ruby>らせに<ruby>狂喜<rt>きょうき</rt></ruby><ruby>乱舞<rt>らんぶ</rt></ruby>する

問題 1 　次の文の下線を引いた漢字の読みがなを上の（　　　）に書きなさい。

（　　　　　）　　　　　　　　　（　　　　　　　）
① 突然地震が起きたので、とても慌ててしまった。

　　　　　　（　　　　　　　）　　　　　（　　　　　　　　）
② 落ち葉に覆われた道を歩く。　③ 時間を惜しんで働く

　　　　　　　　　　　（　　　　　　　）
④ 電車のドアに荷物が挟まって大変だった。

　　　　　　　　（　　　　　　　）
⑤ 最近は、嘆かわしい事件が多く、気分が悪い。

　　　　　　　　　　（　　　　　）　　　　　　　　（　　　　　）
⑥ 私にとってカフェは、憩いの場である。⑦ 私の友だちは忍耐強い。

　　　　　　　　　　（　　　　　）　　　　　　　　　　（　　　　　）
⑧ 今日は予定が狂って、一日中忙しかった。⑨ 本にしおりを挟む。

問題 2 　次の下線を引いた部分を漢字になおし、右の〔　　　　　〕に書きなさい。

① 友だちが急に帰国すると聞いておどろいた。〔　　　　　　〕

② 彼はなぜか足音をしのばせてやってきた。〔　　　　　　〕

③ 木の葉がゆれる様子は、秋の風情（ふぜい）を感じさせる。〔　　　　〕

④ 何事も当たってくだけろの精神でがんばろう。〔　　　　〕

⑤ 昭和のおしい人物がどんどん亡くなっていく。〔　　　　〕

⑥ にんじゃの里に一度行ってみたい。〔　　　　〕

⑦ きゅうけい時間は、他国の人と話をする。〔　　　　〕

⑧ 厳しい練習にたえ、ようやく優勝できた。〔　　　　〕

⑨ 仕事で毎日があわただしく過ぎていく。〔　　　　〕

⑩ すばらしい演奏を聴き、思わずかんたんのため息がもれる。〔　　　　　〕

② 動詞の漢字┃語彙がN1

抑	おさ-える ヨク

・怒りを抑える
・インフレを抑制する

質問 抑えるものは何？ （　　　　　　　　　　）（　　　　　　　　　　　　　）

掲	かか-げる ケイ

・国旗を掲げる／看板を掲げる
・合格者の氏名が掲示される

質問 掲げるものは何？ （　　　　　　　　　　）（　　　　　　　　　　　　　）

駆	か-ける ク

・家まで駆けて帰った
・階段を駆け上がる／先駆者

質問 家まで駆けて帰ったことはありますか？ （　　　　　　　　　　　　）

添	そ-える テン

・花束にメッセージを添える
・メールに資料を添付する

遮	さえぎ-る シャ

・カーテンで日光を遮る
・音を遮断する

尽	つ-きる つ-くす ジン

≒ 尽力する ≒ 尽くす

・水も食料も尽きた
・家族のために尽くす　　・会社のために尽力する

質問 あなたは誰に尽くしたいですか？ それはなぜ？ （　　　　　　　　　　）

焦	あせ-る こ-げる／こ-がす こ-がれる／ショウ

・時間がなくて焦る　　・魚が焦げる
・待ち焦がれる／焦点を定める

陥	おちい-る おとしい-れる カン

・パニックに陥る
・不幸に陥れる　　・欠陥商品による被害を訴える

3 動詞の漢字 ▌語彙が N 1

悟	さと - る ゴ

・危険を悟る
・覚悟を決める

質問 あなたが覚悟を決めていることは？　（　　　　　　　　　　　　　　　　）

遂	と - げる スイ

・めざましい発展を遂げる
・任務を遂行する

偽	いつわ - る／にせ ギ

・年齢を偽る／偽物／偽札
・お札を偽造する／虚偽の申告

控	ひか - える コウ

・塩分を控える／ノートに控える
・控室／医療費控除

質問 あなたが控えたいものは何？　（　　　　　　　　　　　　　）

紛	まぎ - れる まぎ - らす（らわす） まぎ - らわしい フン

・気が紛れる／退屈を紛らす
・悲しみを紛らわす
・紛らわしい名前　　・書類が紛失する

質問 何かを紛失した経験はありますか？　（　　　　　　　　　　　　）
退屈で暇を紛らわすために（　　　　　　　　　　　　　　）します。

免	まぬか - れる メン

・責任を免れる
・車の免許／免税品

四字熟語

粉　骨　砕　身 ってどんな意味？

意味 骨を粉にし、身を砕く。力の限り努力することのたとえ。

例文・会社再建のために粉骨砕身する。　**説明**「粉骨砕心」と書くのは誤り

確認問題 5

問題1 下線を引いた部分を漢字に直しなさい。

① 今日は新たに開店する日だ。新しい看板を<u>かかげよう</u>。〈　　　　　〉
あら

② Ａの失礼な態度に怒りを<u>おさえる</u>のがやっとだった。　〈　　　　　〉
しつれい

③ 一生懸命働き、家族のために<u>つくす</u>。〈　　　　　〉
いっしょうけんめい

④ ときどき寝坊するので、時間がなくて<u>あせる</u>。　〈　　　　　〉
ねぼう

⑤ 誕生祝いに、メッセージを<u>そえて</u>花束を送る。〈　　　　　〉

⑥ 少し塩分を<u>ひかえた</u>方が健康にいいらしい。〈　　　　　〉
えんぶん

⑦ 退屈を<u>まぎらす</u>ためにゲームをするのは、あまり良くない。〈　　　　　〉
たいくつ

⑧ 安い商品には、<u>にせもの</u>が多いので気をつけた方がいい。　〈　　　　　〉
しょうひん

問題2 左の文に続く右の文を線でつなぎましょう。また（　　　　）の中に読み方を書きましょう。

（　　　　）　　　　　　　　　　　　　　　　　（　　　　）
① カーテンで日光を<u>遮ったら</u>　　・　　　　　・ a 家まで<u>駆けて</u>帰った
　　　　　　　　　　　　　　　　　　　　　　　　　（　　　　）
② 急に雨が降り出したので　　　・　　　　　・ b ついに<u>陥落</u>した。
　　　　　　（　　　　）　　　　　　　　　　　　（　　　　）
③ ○○城は、水も食料も<u>尽きて</u>　・　　　　　・ c 無事に<u>避難</u>できた。
　　（　　　）
④ 車の<u>免許</u>取り立てなので　　・　　　　　・ d 部屋が涼しくなった。
　　　　　　（　　　）
⑤ 彼は危険を早々と<u>悟り</u>　　　・　　　　　・ e 運転に自信がない
　　　　　　　　　　　　　　　　　　　　　　　（　　　　）
⑥ 東南アジアの国々は今めざましい　・　　　　・ f 発展を<u>遂げて</u>いる。
　　　　　（　　　）　　　　　　　　　　　　　（　　　）
⑦ スピーチのメモを<u>紛失</u>して　・　　　　　・ g ノートに<u>控えた</u>方がいい。
　　　　　　　　　　　　　　　　　　　　　　　　（　　　）
⑧ 重要なことは　　　　　　　　・　　　　　・ h 舞台上で<u>恥</u>をかいた。

4 動詞の漢字 ┃ 名詞＋する

（1）

ひろう
披露する

・料理の腕前を披露する
・新作を披露する／結婚披露宴

簡単な動詞にすると

➡ 《　　　　　　　　　　　》

（例文）＿＿＿＿＿＿＿＿＿＿＿＿＿＿＿＿＿＿＿＿＿＿＿＿＿＿＿＿

（2）

ていこう
抵抗する

・権力に抵抗する
・抵抗力がある

簡単な動詞にすると

➡ 《　　　　　　　　　　　》

（例文）＿＿＿＿＿＿＿＿＿＿＿＿＿＿＿＿＿＿＿＿＿＿＿＿＿＿＿＿

（3）

はいじょ
排除する

・バリケードを排除する
・異分子を排除する

簡単な動詞にすると

➡ 《　　　　　　　　　　　》

（例文）＿＿＿＿＿＿＿＿＿＿＿＿＿＿＿＿＿＿＿＿＿＿＿＿＿＿＿＿

（4）

ちゅうしゅつ
抽出する

・データを抽出する
・無作為に抽出する

簡単な動詞にすると

➡ 《　　　　　　　　　　　》

（例文）＿＿＿＿＿＿＿＿＿＿＿＿＿＿＿＿＿＿＿＿＿＿＿＿＿＿＿＿

（5）

まっしょう
抹消する

とうろく　まっしょう
・登録を抹消する

めいぼ
・名簿から名前を抹消する

簡単な動詞にすると

➡ 《　　　　　　　　　　　　　》

（例文）＿＿＿＿＿＿＿＿＿＿＿＿＿＿＿＿＿＿＿＿＿＿＿＿＿＿＿＿＿

（6）

かんげい
歓迎する

しんにゅうせい　かんげい
・新入生を歓迎する

けんせつてき
・建設的な意見なら歓迎する

簡単な動詞にすると

➡ 《　　　　　　　　　　　　　》

（例文）＿＿＿＿＿＿＿＿＿＿＿＿＿＿＿＿＿＿＿＿＿＿＿＿＿＿＿＿＿

（7）

ほんそう
奔走する

にほん　ぜんこく　ほんそう
・日本全国を奔走する

とうほんせいそう
・資金集めに東奔西走する

簡単な動詞にすると

➡ 《　　　　　　　　　　　　　》

（例文）＿＿＿＿＿＿＿＿＿＿＿＿＿＿＿＿＿＿＿＿＿＿＿＿＿＿＿＿＿

┌ 簡単な動詞の答え（例）─────────────────────────

（1）見せる　（2）さからう／抗う（あらが）　（3）取り除く　（4）抜き出す

（5）消す（なくす）　（6）喜んで迎える　（7）忙しく走る

└──────────────────────────────────────

4 動詞の漢字┃他の名詞＋する

1と同じように簡単な動詞（訓読み）に直してみよう。

1　記憶する➡（　　覚える　　）　　9　克服する➡（　　　　　）

2　継続する➡（　　　　　）　　10　循環する➡（　　　　　）

3　休憩する➡（　　　　　）　　11　再会する➡（　　　　　）

4　納得する／理解する
　　　　➡（　　　　　）　　12　募集する➡（　　　　　）

5　撮影する➡（　　　　　）　　13　飼育する➡（　　　　　）

6　縮小する➡（　　　　　）　　14　開催する➡（　　　　　）

7　拡大する➡（　　　　　）　　15　就職する➡（　　　　　）

8　選択する➡（　　　　　）　　16　競争する➡（　　　　　）

☆答えはありません。前ページを参考に考えましょう。

説明 他の「名詞＋する」の動詞は、他の漢字の例文にも出てくるので一緒に覚えましょう。

四字熟語

東奔西走 ってどんな意味？

意味 目的のためにあちこち忙しく走り回ること。

例文 ・会社を起こすための資金調達に東奔西走する。

確認問題 6

問題 1 例のように、音読みの漢字を 訓読みにしなさい。

例 （ 記憶<ruby>記憶<rt>きおく</rt></ruby>する→ <u>覚<ruby>覚<rt>おぼ</rt></ruby>える</u> ）

① 苦手な水泳の練習を（ 継続<ruby>継続<rt>けいぞく</rt></ruby>して→＿＿＿＿＿＿ ）、泳げるようになった。

② この地域<ruby>地域<rt>ちいき</rt></ruby>では牛を（ 飼育<ruby>飼育<rt>しいく</rt></ruby>して→＿＿＿＿＿＿ ）いる人が多い。

③ 病気を（ 克服<ruby>克服<rt>こくふく</rt></ruby>して→＿＿＿＿＿＿ ） 健康<ruby>健康<rt>けんこう</rt></ruby>な生活ができるようになった。

④ 疲<ruby>疲<rt>つか</rt></ruby>れたので、あのカフェで（ 休憩<ruby>休憩<rt>きゅうけい</rt></ruby>しよう→＿＿＿＿＿＿ ）。

⑤ すばらしい景色<ruby>景色<rt>けしき</rt></ruby>を（ 撮影<ruby>撮影<rt>さつえい</rt></ruby>する→＿＿＿＿＿＿ ）。

⑥ ○○市には、お城<ruby>城<rt>しろ</rt></ruby>の周<ruby>周<rt>まわ</rt></ruby>りを（ 循環<ruby>循環<rt>じゅんかん</rt></ruby>する→＿＿＿＿＿ ） バスがある。

⑦ 会費<ruby>会費<rt>かいひ</rt></ruby>を納<ruby>納<rt>おさ</rt></ruby>めなかったので、登録<ruby>登録<rt>とうろく</rt></ruby>を（ 抹消<ruby>抹消<rt>まっしょう</rt></ruby>されて→＿＿＿＿＿ ）しまった。

⑧ 税金<ruby>税金<rt>ぜいきん</rt></ruby>を（ 納入<ruby>納入<rt>のうにゅう</rt></ruby>する→＿＿＿＿＿ ）のは、国民の義務<ruby>義務<rt>ぎむ</rt></ruby>である。

問題 2 下線の言葉を、下から漢字を選んで「名詞＋する」の動詞に直しなさい。

① 来年は卒業<ruby>卒業<rt>そつぎょう</rt></ruby>するので、進学<ruby>進学<rt>しんがく</rt></ruby>か就職<ruby>就職<rt>しゅうしょく</rt></ruby>かを<u>えらぶ</u>→［ ＿＿＿択する ］

② 説明<ruby>説明<rt>せつめい</rt></ruby>を聞いて<u>よくわかった</u>→［ ＿＿得した ］。

③ コロナが収<ruby>収<rt>おさ</rt></ruby>まって、ようやくイベントが<u>ひらかれた</u>→［開＿＿＿された ］。

④ アルバイトを<u>つのってあつめる</u>→［ ＿＿＿集する ］。

⑤ 久<ruby>久<rt>ひさ</rt></ruby>しぶりに中学時代<ruby>中学時代<rt>ちゅうがくじだい</rt></ruby>の同級生<ruby>同級生<rt>どうきゅうせい</rt></ruby>に<u>あった</u>→［ ＿＿会した ］。

⑥ お知らせの紙<ruby>紙<rt>かみ</rt></ruby>を<u>はってしめす</u>→［ ＿＿示する ］。

⑦ 新入生<ruby>新入生<rt>しんにゅうせい</rt></ruby>を<u>よろこんでむかえる</u>→［ ＿＿迎する ］

⑧ 料理の腕前<ruby>腕前<rt>うでまえ</rt></ruby>を皆に<u>みせる</u>→［ ＿＿露する ］。

```
披    歓    再    掲    募    納    選    観
```

1 形容詞 | な形容詞①

| 穏 | おだ - やか
オン | ・穏やかな海／穏やかな表情／穏やかな天気が続く
・平穏な生活／不穏な空気が漂う |

| 暇 | ひま
カ | ・暇な一日
・休暇／余暇を過ごす |

質問 暇な時、何をして過ごしますか？　（　　　　　　　　　　　　　　）

| 滑 | なめ - らか
すべ - る
カツ／コツ | ・滑らかな口調で話す　　・スキーで滑る
・飛行機の滑走路／滑稽なしぐさ |

| 朗 | ほが - らか
ロウ | ・朗らかな性格
・詩を朗読する／明朗な人 |

| 裕 | ユウ | ・裕福な家庭／余裕がある |

| 愚 | おろ - か
グ | ・愚かな行動
・愚痴をこぼす／愚問 |

| 乙 | オツ | ・乙な味がする
・甲乙つけがたい |

| 緩 | ゆる - やか／ゆる - い
ゆる - む
ゆる - める
カン | ・緩やかなカーブ
・スカートが緩い
・試験が終わって気が緩む　　・緩急自在の投球 |

哀	あわ-れむ あわ-れ アイ	・身寄りのない人を哀れむ。 ・哀れな人生を送りたくない。　・喜怒哀楽が激しい。
惰	ダ	・怠惰な生活を送る。 ・酒に溺れて堕落する。
愉	ユ	・愉快な話を聞いて元気になった。 ・愉悦のひとときを過ごす。

質問 愉快な話ってどんな話？　（　　　　　　　　　　　　　　　）

| 惨 | みじ-め
サン／ザン | ・試合で惨めな負け方をする
・悲惨な光景を目にする／見るも無惨な光景 |

四字熟語

明朗快活って何？

意味 明るく朗らかで、はきはきして元気がよいこと。

例文 ・彼女は明朗快活な人だ。

緩急自在って何？

意味 緩やかな状態と厳しい状態、遅いと速いとを自由に操れること。

例文 ・彼の投球は緩急自在ですごいね。

喜怒哀楽って何？

意味 喜び・怒り・悲しみ・楽しみ、人間の感情の総称。

例文 ・彼女は喜怒哀楽が激しい。

2 形容詞 | 主にな形容詞②

剛 ゴウ	・剛胆な性格 ・質実剛健

- 剛胆な性格（ごうたん）
- 質実剛健（しつじつごうけん）

敢 カン／あ-えて	・勇敢な少年 ・言いにくいことを敢えて言う

- 勇敢な少年（ゆうかん　しょうねん）
- 言いにくいことを敢えて言う（い　あ）

寛 カン	・寛大な心で過ちを許す ・寛大な処置

- 寛大な心で過ちを許す（かんだい　あやま　ゆる）
- 寛大な処置（かんだい　しょち）

俊 シュン	・彼は俊足の持ち主だ

- 彼は俊足の持ち主だ（しゅんそく　も　ぬし）

敏 ビン	・俊敏な動きを見せる ・A氏は敏腕弁護士だ

- 俊敏な動きを見せる（しゅんびん　うご）
- A氏は敏腕弁護士だ（びんわん　べんごし）

閑 カン	・閑静な住まいでのんびり過ごす ・農閑期は他の仕事がある

- 閑静な住まいでのんびり過ごす（かんせい）
- 農閑期は他の仕事がある（のうかんき）

憂 ユウ／うれ-い／う-い／うれ-える	・最近は雨つづきで憂鬱だ ・憂いを帯びた表情／物憂い気分　・国の将来を憂える

- 最近は雨つづきで憂鬱だ（さいきん　ゆううつ）
- 憂いを帯びた表情／物憂い気分（うれ　お　ものう）
- 国の将来を憂える（しょうらい　うれ）

質問 憂鬱な時ってどんなとき？（ゆううつ）　（　　　　　　　　　　　　　　　　　　　）

迅	ジン	・迅速な報道／迅速に処理する

巧	たく-み コウ	・馬を操るのが巧みな人 ・技巧を凝らした作品　・巧妙な手段

質問 馬を操るのが巧みな人はどこの国に多いと思いますか？　　（　　　　　　　　　）

丈	ジョウ たけ	・身体が丈夫な子 ・スカートの丈を短くする

粋	いき スイ	・粋な姿／粋な着こなし ・心の純粋な人

瞭	リョウ	・明瞭な発音／簡単明瞭な話

四字熟語

質 実 剛 健 って何？

意味 飾り気がなくまじめで、心が強くしっかりしていること。

例文 ・彼の性格は、「質実剛健」という言葉がぴったりだ。

簡 単 明 瞭 って何？

意味 簡単でわかりやすいこと。

例文 ・複雑なことを簡単明瞭に説明してくれてありがとう。

3 形容詞 ┃ な形容詞③

稚 チ
・幼稚な考え／幼稚な発想
・稚魚を育てる漁業

猛 モウ
・猛烈なスピード
・今年は猛暑だった

> **質問** 猛暑よりもっと暑いことを何て言う？　（ 残暑・酷暑 ）どっち？

烈 レツ
・猛烈に勉強する
・熱烈なファン

> **質問** 猛烈に勉強したのはいつですか？　（　　　　　　　　　　）

壮 ソウ
・壮絶な人生
・壮年／勇壮な祭り

陰 イン／かげ-る／かげ
・何となく陰気な人
・日が陰る／表情が陰る　　・陰で悪口を言う

> **質問** 陰気な人ってどんな人？　（　　　　　　　　　　）

膨 ボウ／ふく-らむ／ふく-れる
・膨大な額の遺産　　・木の芽が膨らむ
・注意されるとすぐ膨れる／腹が膨れる

| 奇 | キ | ・奇抜な服装／奇跡が起こる
・事実は小説より奇なり／奇怪な事件 |

| 妙 | ミョウ | ・奇妙な話／絶妙なタイミング
・妙に気が合う |

質問 ▶ どんな人と妙に気が合いますか？　　（　　　　　　　　　　　　　　　　　　　）

| 微 | ビ | ・成功するかどうかは微妙だ
・微笑を浮かべる少女 |

| 凡 | ボン
ハン | ・平凡な考え／平凡な
・辞典の使い方を凡例で見る |

質問 ▶ 自分の人生は平凡・非凡？

　　答え（　　　　　　　　　　　　　　　　　　　　　　　　　　　　　　　　）

　　理由（　　　　　　　　　　　　　　　　　　　　　　　　　　　　　　　　）

4 形容詞 な形容詞④

| 魅 ミ | ・魅力的な笑顔／魅力的な仕事
・オペラの魅力にとりつかれる |

質問 あなたにとって魅力的な仕事は？ （　　　　　　　　　　　　　　　　　　　）

| 豪 ゴウ | ・豪華な食事に満足する
・富豪／文豪／酒豪 |

質問 あなたにとって豪華な食事は？ （　　　　　　　　　　　　　　　　　　　）

| 殊 シュ
こと | ・彼は特殊な能力を持っている
・花では、殊にバラが好きだ |

四字熟語

天真爛漫 ってどんな意味？

意味 生まれつきの素直な心そのままで、隠すことなどないこと。無邪気で屈託がないこと。

例文 ・彼女は、子供のように天真爛漫で魅力的な人だ。

自然淘汰 は？

意味 ① ダーウィンの進化論に書かれている概念で、生物のうち、外界の状況に適したものだけが生き残り、適さないものは滅びていくこと。

② 転じて、長い間に劣悪なものは滅び、優良なものだけが自然に生き残ること。

例文 ・俗悪な雑誌は、自然淘汰されるから心配しなくてもいい。

確認問題 7

問題1 _____の上にあてはまる「な形容詞」を右から1つだけ選んで書きなさい。
また、（　　）の中に読み方を書きましょう。必要なら形を変えなさい。

① この道は＿＿＿＿＿＿カーブが続（つづ）いている。
（　　　　　　　な）

② ＿＿＿＿＿＿海を見て、故郷（こきょう）を思い出す。
（　　　　　　　な）

③ クリームを塗（ぬ）ったら、肌（はだ）が＿＿＿＿＿＿になった。
（　　　　　　　）

④ 財産争（あらそ）いは＿＿＿＿＿＿行為（こうい）だ。
（　　　　　　　な）

⑤ 試合（しあい）で＿＿＿＿＿＿負（ま）け方をしてしまった。
（　　　　　　　な）

⑥ 結婚（けっこん）するなら＿＿＿＿＿＿性格の人がいい。
（　　　　　　　な）

⑦ ＿＿＿＿＿＿人生（じんせい）を送りたくない。
（　　　　　　　な）

⑧ モンゴル平原（へいげん）に住む人々は馬を＿＿＿＿＿＿に操る。
（　　　　　　　　）

滑らか
穏やかな
緩やかな
愚かな
巧みな
朗らかな
惨めな
哀れな

問題2 _____の部分の読み方を（　　）に書き、関連のある言葉を一つ選んで線で結びなさい。

① 裕福な　　② 乙な　　③ 怠惰な　　④ 勇敢な　　⑤ 寛大な　　⑥ 閑静な
（　　　）（　　　）（　　　）（　　　）（　　　）（　　　）

a 少年　　b 心　　c 味　　d 生活　　e 住まい　　f 家庭

- -

⑦ 豪華な　　⑧ 平凡な　　⑨ 丈夫な　　⑩ 幼稚な　　⑪ 愉快な
（　　　）（　　　）（　　　）（　　　）（　　　）

g 人生　　h 身体　　i 考え　　j 話　　k ホテル

1 い形容詞①

| 寂 | さび-しい
さび-れる／さび
ジャク／セキ | ・ひっそりとした寂しい村
・寂れた商店街／寂のある茶わん
・静寂な境内／寂寥の感 |

| 悔 | くや-しい
く-いる／く-やむ
カイ | ・ばかにされて悔しい
・失敗を悔いる／悔やむ　　　・後悔先に立たず |

質問 悔しい気持ちになったのはどんなときですか？　（　　　　　　　　　　　　　）

| 乏 | とぼ-しい
ボウ | ・若くて経験に乏しい
・貧乏な生活／ビタミンが欠乏する |

| 懐 | なつ-かしい
なつ-く
なつ-かしむ
ふところ
カイ | ・遠い昔が懐かしい
・人によく懐く
・故郷を懐かしむ
・懐が深い／懐に手を入れる　　・懐郷の思いに浸る |

質問 あなたにとって懐かしい場所は？　（　　　　　　　　　　　　　）

| 粗 | あら‐い
ソ | ・目の粗い網／仕事が粗い
・粗末な家／粗末な食事 |

第4章

| 質問 | 目の粗い網の反対は？　⇔　目の（　　　　　　　　　　）網 |

| 卑 | いや‐しい
いや‐しむ／
いや‐しめる／
ヒ | ・卑しい言葉遣い／卑しい行為
・相手を卑しめる発言／自分を卑下する |

| 疎 | うと‐い／
うと‐む
ソ | ・政治に疎い人／自分勝手なのでみんなから疎まれる
・疎外感を感じる／仲間から疎外される |

2 い形容詞②

羨
うらや - ましい
うらや - む
セン

・優雅な生活が羨ましい

・人も羨むセレブな生活　　・羨望の的となる

質問 あなたにとって優雅な生活ってどんな生活？ （　　　　　　　　　　　　　　　）

醜
みにく - い
シュウ

・遺産を巡る醜い争い

・人前で醜態をさらす

怪
あや - しい
あや - しむ
カイ

・空模様が怪しい

・黒ずくめだったので怪しまれる　　・怪談／怪奇現象

質問 怪しいもの（こと）を探そう

① ＿＿＿＿＿＿＿＿＿＿＿＿＿＿＿＿＿＿＿＿＿＿＿＿＿＿が怪しい

② ＿＿＿＿＿＿＿＿＿＿＿＿＿＿＿＿＿＿＿＿＿＿＿＿＿＿が怪しい

③ ＿＿＿＿＿＿＿＿＿＿＿＿＿＿＿＿＿＿＿＿＿＿＿＿＿＿が怪しい

四字熟語

余 裕 綽 々 って何？

意味 ゆったりと落ち着いているようす。心にゆとりのあるようす。

例文 ・彼は初舞台にもかかわらず余裕綽々としている。

| 麗 | うるわ-しい
レイ | ・麗しい女性
・華麗な演技を見る |

| 恨 | うら-めしい
うら-む
コン | ・裏切られたことが恨めしい
・世の中を恨む　　・痛恨のミス |

質問 あなたにとって痛恨のミスは？　（　　　　　　　　　　　　　　　　　　　　　）

| 煩 | わずら-わしい
わずら-う
ハン／ホン | ・近所付き合いが煩わしい
・煩雑な手続き　　・私の父は子煩悩だ |

質問 何が煩雑な手続きでしたか？　（　　　　　　　　　　　　　　　　　　　　　　）

| 甲 | カン
コウ | ・甲高い声で話す　　・船の甲板に出る
・甲乙つけがたい |

質問 どんなとき甲高い声を出しますか？　（　　　　　　　　　　　　　　　　　　　）

問題 1 文を読んで＿＿＿＿の上に適切な「い形容詞」を書きなさい。

また、（　　）の中に読み方を書きなさい。必要な場合は形を変えて書きなさい。

① 友だちが帰国し、＿＿＿＿＿＿生活をしている。
　　　　　　　　　（　　　　　　　　）

② 失敗したのが＿＿＿＿＿＿。
　　　　　　　　（　　　　　　　　）

③ 若い人はまだ経験が＿＿＿＿＿＿。
　　　　　　　　　　　（　　　　　　　　）

④ 目の＿＿＿＿＿＿網なので、魚が逃げてしまう。
　　（　　　　　　　　）

⑤ 政治に＿＿＿＿＿人は、もっと関心を持ってほしい。
　　　（　　　　　　）

⑥ 子どもの頃を思い出して＿＿＿＿＿＿なる。
　　　　　　　　　　　　（　　　　　　　　）

⑦ 隣の人の食事まで食べてしまうなんて＿＿＿＿＿＿。
　　　　　　　　　　　　　　　（　　　　　　　　）

⑧ 優雅な生活が＿＿＿＿＿＿＿。
　　　　　　　　（　　　　　　　　）

粗い	乏しい	疎い	寂しい
悔しい	羨ましい	懐かしい	卑しい

問題2 _____の部分の読み方を書き、関連のある言葉を一つ選んで線で結びなさい。

① 醜い　　　　② 怪しい　　　　③ 甲高い　　　　④ 麗しい
（　　　）　　（　　　）　　　（　　　）　　　（　　　）

a 男　　　　b 争（あらそ）い　　　　c 女性　　　　d 声

- -

⑤ 厳しい　　　　⑥ 懐かしい　　　　⑦ 乏しい　　　　⑧ 卑しい
（　　　）　　（　　　）　　　（　　　）　　　（　　　）

e 故郷　　　　f 食料　　　　g 先生　　　　h 行（おこな）い

1 名詞・副詞など①

| 徐 ジョ | ・徐々に上達する／徐行運転 |

質問 徐々に上達しているもの（こと）は？　（　　　　　　　　　　　　　　）

| 斉 セイ | ・チャイムが鳴り、みんな一斉に帰った
・校歌斉唱 |

質問 斉唱のほかには？　（　　　　唱）（　　　　唱）（　　　　唱）

| 頻 ヒン | ・友人から頻繁にメールが来る
・使用頻度が高い |

質問 あなたにとって使用頻度の高いものは？　（　　　　　　　　　　　　　　）

| 剰 ジョウ | ・子どもに過剰に期待をかける
・人員に余剰が出た |

| 悦 エツ | ・一人悦に入（い）る
・社長はご満悦だった |

説明 「悦に入る」は事がうまく行き満足して喜ぶこと。「入る」は「いる」と読む。

| 瞬 シュン
またた-く | ・瞬間的にわかった
・瞬く間に時間が経った |

宜 ギ	・便宜的に分類する ・調味料を適宜入れる

逐 チク	・逐一報告する ・逐次通訳は大変だ
雰 フン	・明るい雰囲気／家庭的な雰囲気の店 ・このクラスは雰囲気がいい
徴 チョウ	・特徴のある声 ・白い鳩は平和の象徴だ
唯 ユイ	・唯一の希望／唯物論 ・唯唯（いい）として従う

説明 「唯唯として従う」の「唯唯」は「いい」と読む。
意味は、少しも反対せず従う。

悠 ユウ	・悠々と歩く／悠々たる青空 ・老後を悠々と暮らす

━━━━ 四 字 熟 語 ━━━━

悠 々 自 適
ゆう ゆう じ てき

意味 世間のことを気にせず、自由にのんびり暮らすこと。

例文 ・退職したら、悠々自適の生活をしたい。

2 名詞・副詞など②

旬	シュン ジュン

・旬のたけのこ／旬の魚
・上旬・中旬・下旬

頃	ころ

・若い頃／子どもの頃、川でよく遊んだ
・日頃の行いがよい

慨	ガイ

・昔のアルバムを見て感慨にふける
・不当な扱いに憤慨する

> **質問** 何かに憤慨したことはありますか？　（　　　　　　　　　　　　　　）

慮	リョ

・出席を遠慮する
・考慮する／配慮する

恒	コウ

・恒例の行事／恒久の平和
・恒星／惑星

> **質問** あなたの国の恒例行事を教えてください。　（　　　　　　　　　　　　　）

至	いた-る シ

・至る所に監視カメラがある
・至急来てほしい

上の漢字をつかって例文を作ろう

・＿＿＿＿＿＿＿＿＿＿＿＿＿＿＿＿＿＿＿＿＿＿＿＿＿＿＿＿＿＿＿＿＿＿＿

・＿＿＿＿＿＿＿＿＿＿＿＿＿＿＿＿＿＿＿＿＿＿＿＿＿＿＿＿＿＿＿＿＿＿＿

偏	かたよ-る ヘン	・栄養が偏る／偏った考え方 ・偏見を持つ／偏差値
飽	あ-きる あ-かす（≒あきさせる） ホウ	・ゲームに飽きる／肉料理に飽きる ・人を飽きさせない　・飽食の時代

質問 飽きるほど食べたものは何ですか？

① (　　　　　　　　　　　　　　　　　　　　　　　　　　)

② (　　　　　　　　　　　　　　　　　　　　　　　　　　)

③ (　　　　　　　　　　　　　　　　　　　　　　　　　　)

愁	うれ-い うれ-える シュウ	・愁いに沈んだ顔 ・友の死を愁える（憂える）　・哀愁のあるメロディー
憂	うれ-い うれ-える ユウ	・国の将来を憂える ・試合結果に一喜一憂する　・憂鬱な日々を送る

四字熟語

一喜一憂って何？

意味 状況が変化するたびごとに、喜んだり心配したりすること。「喜」は喜ぶこと、「憂」は心配すること。

例文 ・試合の途中経過に一喜一憂する。

| 妄 | モウ
ボウ | ・妄想にふける
・人のうわさを妄信する |

| 衡 | コウ | ・片足立ちをして平衡感覚を養う
・均衡を保つ |

| 慈 | いつく-しむ
ジ | ・子を慈しむ
・慈善事業 |

| 慕 | した-う
ボ | ・母を慕って泣く
・恋慕の情（慕情） |

質問 ▶ あなたが一番慕っている人は誰ですか？　（　　　　　　　　　　　　　　　　）

確認問題 9

問題1 ▶ 文を読んで_____の□の中から適当な言葉を選んで書き、（　　　）の中には読み方も書きましょう。

① チャイムが鳴り、みんな_____に帰った。
（　　　　　　　）

② 子どもに_____な期待をかけるのは困ったものだ。
（　　　　　　）

③ 料理の途中で調味料を_____入れる。
（　　　　　　）

④ 仕事の途中で_____報告することになっている。
（　　　　　　）

⑤ 家庭的な_____の店が近所にできた。
（　　　　　　）

| 逐次　　　旬 |
| 一斉　　過剰 |
| 雰囲気 |
| 悠々 |
| 飽食 |
| 盲信 |
| 感慨 |
| 適宜 |

⑥ 老後は田舎で＿＿＿＿＿＿と暮らしたい。
（　　　　　　　　）

⑦ ＿＿＿＿＿のタケノコをおすそ分けする時代が懐かしい。
（　　　　　　）

⑧ 昔のアルバムを見て＿＿＿＿＿にふける。
（　　　　　　）

⑨ 人のうわさを＿＿＿＿＿する。
（　　　　　　）

⑩ コンビニに行けば、食べたい物が何でもあり、今は＿＿＿＿＿の時代だ。
（　　　　　　　　）

問題2 意味を考えて左の文と、右の文を線で結び＿＿＿の漢字の読み方を（　　）に書きなさい。

① 日本語をたくさん勉強しているうちに　・　・a 徐々に上達してきた。
（　　　）

② 親しい友人ができて　・　・b パーティへの出席は遠慮しようと思う。
（　　　　）

③ 会社の事業がうまくいき　・　・c 瞬く間に時間が過ぎた。
（　　　　）

④ ゲームに夢中になっていて　・　・d 頻繁にメールがくる。
（　　　）

⑤ 明日は大事な面接試験があるので　・　・e 今の唯一の希望だ。
（　　　）

⑥ 大学に合格するのが　・　・f 社長はご満悦だ。
（　　　）

1 家族・親戚など

| 縁 | エン
ふち | ・縁があって結婚する／息子の縁談
・眼鏡の縁 |

| 戚 | セキ | ・結婚して親戚になる
・歴史では外戚政治がよく行われた |

> **説明** 外戚とは、一般に母方の親族を言う。日本では奈良時代初期、藤原不比等が2
> 人の娘を天皇に嫁がせ、皇室の外戚となることで権力を握った。中国、朝鮮な
> どにも見られる。

| 姻 | イン | ・婚姻届け／姻戚関係になる |

| 系 | ケイ | ・家系図から家族の歴史を探る
・あなたは文系？理系？どっちですか |

| 嫁 | とつ-ぐ
よめ／カ | ・農家に嫁ぐ／農家の嫁は忙しい
・責任転嫁は良くない |

| 婿 | むこ
セイ | ・娘に婿を取る／婿養子
・女婿 |

叔 シュク	・父の弟である叔父<ruby>叔父<rt>おじ</rt></ruby>（しゅくふ） ・父の妹である叔母<ruby>叔母<rt>おば</rt></ruby>（しゅくぼ）
伯 ハク	・父の兄である伯父<ruby>伯父<rt>おじ</rt></ruby>（はくふ） ・父の姉である伯母<ruby>伯母<rt>おば</rt></ruby>（はくぼ）
郎 ロウ	・新郎新婦／一郎（人の名前）

左ページで覚えた漢字をつかって例文を作ろう

・＿＿＿＿＿＿＿＿＿＿＿＿＿＿＿＿＿＿＿＿＿＿＿＿＿＿＿＿＿＿

四字熟語

責任転嫁（せき にん てん か）

意味 当然しなければならないことを、他人になすりつけること。

例文 ・自分の失敗を責任転嫁するなんてとんでもない。

以心伝心（い しん でん しん）って何？

意味 禅宗で、ことばや文字によらず心から心へ仏法の真理を伝えること。また、一般にことばによらなくても互いに気持ちが通じ合うこと。

例文 ・言葉にしなくてもわかったなんて、「以心伝心」だね。

2 人と人①

嬢	ジョウ	・お嬢さん／お嬢様育ち／社長令嬢
淑	シュク	・淑女とは英語でレディのことだ／紳士淑女
紳	シン	・紳士的な態度　・紳士服 ・紳士とは英語でジェントルマンだ
婆	バ	・老婆とは年をとった女性のことだ ・老婆心から申し上げる
継	つ-ぐ／ケイ	・家業を継ぐ／跡継ぎ ・伝統芸能の後継者

質問 日本の伝統芸能を知っていますか？

(　　　　　　　) (　　　　　　　　　) (　　　　　　　　　)

涯	ガイ	・幸福な生涯を送る／生涯教育が大切だ
恩	オン	・命の恩人／恩師に再会する ・自然の恩恵を受ける
貴	とうと-ぶ／たっと-ぶ とうと-い／たっと-い キ	・生命を貴ぶ／先人を尊ぶ→「とうとぶ」の古い言い方 ・尊い命／貴い教え→「とうとい」の古い言い方 ・貴重な経験／貴重品
威	イ	・威厳を保つ／威厳のある人／歴史学の権威

確認問題 10

問題1 文を読んで＿＿＿＿の上に適当な言葉を右から選んで書きなさい。

また（　　　）の中に読み方を書きなさい。

① ＿＿＿＿＿＿があって結婚することになった。
（　　　　　　）

② Ａさんとは＿＿＿＿＿＿の結婚式で知り合いになった。
（　　　　　　　　）

③ これからは、＿＿＿＿＿＿届に印鑑が必要なくなるらしい。
（　　　　　　　　）

④ 責任＿＿＿＿＿＿は良くない。
（　　　　　　）

⑤ 彼の家は優秀な＿＿＿＿＿で、家族は皆医者である。
（　　　　　）

⑥ 久しぶりに中学時代の＿＿＿＿＿＿と出会って嬉しかった。
（　　　　　　）

⑦ テレビ＿＿＿＿＿で、サッカーの試合を見る。
（　　　　）

親戚
転嫁
中継
恩師
縁
家系
中計
婚姻
転換
家計

問題2 ＿＿＿＿＿の部分の読み方を一つ選んで○をつけなさい。

① <u>叔父</u>さん （　a おばさん　　b おじいさん　　c おじさん　　d おとうとさん　）

② <u>恩恵</u>を受ける　（　a おんし　　b おんぎ　　c おんか　　d おんけい　）

③ 東洋哲学の<u>権威</u>　（　a けんじ　　b けんい　　c けんりょく　　d ごんい　）

④ <u>貴重</u>な経験　（　a きじょうな　　b きちょうな　　c きんちょうな　　d くじょうな　）

⑤ 楽しい<u>人生</u>　（　a じんせい　　b じんしょう　　c にんせい　　d にんじょう　）

⑥ <u>紳士淑女</u>　（　a しんじしゅくじょ　b しんしじゅくじょ　c しんししゅくじょ　）

3 人と人②

| 仰 | あお‐ぐ
おお‐せ
ギョウ／コウ | ・星空を仰ぐ／師と仰ぐ人
・仰せの通りに致します　・びっくり仰天／神を信仰する |

謹賀新年

| 謹 | つつし‐む
キン | ・謹んでお祝い申し上げます
・自宅で謹慎する／酒をやめて謹慎する |

| 賀 | ガ | **意味** 謹賀新年 → 「謹んで新年の喜びを申し上げる。」
・謹賀新年／年賀状・祝賀会を行う |

| 奉 | たてまつ‐る
ホウ | ・霊前に供物を奉る
・困った人のために奉仕する |

| 忠 | チュウ | ・原文に忠実な翻訳／忠告に耳を傾ける |

| 孝 | コウ | ・親孝行な人／親不孝な人 |

質問 あなたは親孝行？親不孝者？

答え（　　　　　　　　　　　　　　　　　　　　　　　　　　）

理由（　　　　　　　　　　　　　　　　　　　　　　　　　　）

貞	テイ	・貞淑な妻／貞操を守る

徳	トク	・道徳的な見地／謙譲の美徳

匿	トク	・匿名で投書する／財産を秘匿する

称	ショウ	・物には名称がある／左右対称

第5章

〰〰〰〰〰〰〰〰〰〰〰〰 四 字 熟 語 〰〰〰〰〰〰〰〰〰〰〰〰

単 刀 直 入 ってどういうこと？

意味 ①ただ一振りの刀を持って、単身、敵陣に切り込むこと。

②転じて、前置き、予告なしにいきなり要点を言うことのたとえ。

　　遠まわしに言わず、直接要点を言うこと。

例文 ・「単刀直入に言わせてもらえば、つまり……ということです。」

〰〰〰〰〰〰〰〰〰〰〰〰〰〰〰〰〰〰〰〰〰〰〰〰〰〰〰〰〰〰〰〰〰〰

4 人と人③

| 己 | おのれ
コ／キ | ・己に勝つ／己を省みる
・自己を見つめる／利己主義／知己／克己心 |

| 俺 | おれ | ・俺とお前の仲じゃないか |

| 孤 | コ | ・留学生活に慣れるまでは孤独だ／敵に包囲されて孤立する |

| 遺 | イ／ユイ | ・莫大な遺産／祖父の遺言 |

| 逝 | ゆ-く／い-く
セイ | ・若くして逝く（逝く）／父は若くして逝った
・若くして死ぬことを夭逝という／有名人の急逝
補足 夭逝＝夭折＝早世 |

| 葬 | ほうむ-る
ソウ | ・死者を葬る
・葬式／冠婚葬祭 |

| 忌 | い-む／
い-まわしい
キ | ・宗教上、肉食を忌む／忌まわしい記憶
・祖母の一周忌　・忌中とは死後四十九日間をいう |

| 棺 カン | ・棺桶に片足を突っ込む　・納棺の儀 |

| 墓 はか／ボ | ・墓参りをする／墓地 |

| 故 ゆえ／コ | ・若さ故の冒険／故人をしのぶ
・故郷に帰る |

| 魂 たましい／
コン | ・死者の魂／精魂込めた仕事 |

四字熟語

冠婚葬祭（かんこんそうさい）って何？

意味 元服（成人式）・結婚・葬式・祖先の祭礼という四つの重要な礼式。

また、慶弔の儀式一般の総称。「冠」は元服の時、冠（かんむり）をかぶることから。

例文 ・コロナ禍では「冠婚葬祭」で親戚が集まることさえ困難だ。

問題 1 ▷ 右から選んで＿＿＿＿の上に漢字を書き、（　　）にその読み方を書きなさい。

① 小さな工場で＿＿＿＿＿込めて仕事をする人に出会った。
（　　　　　　　　　）

② お盆_{ぼん}にはみんな田舎_{いなか}に帰って＿＿＿＿＿をする。
（　　　　　　　　　）

③ 祖父の＿＿＿＿＿により、遺産は兄弟で分けることになった。
（　　　　　　　　　）

④ Ａさんは毎日国に電話をする＿＿＿＿＿な人だ。
（　　　　　　　　　）

⑤ 困ったことがあり、＿＿＿＿＿で投書_{とうしょ}する。
（　　　　　　　）

⑥ 久しぶりに国に帰り＿＿＿＿＿の友人と会って話をする。
（　　　　　　　）

⑦ 祖父の＿＿＿＿＿があり、親戚が集まった。
（　　　　　　　　）

⑧ 留学生活の最初は誰とも話せず＿＿＿＿＿な日々が続いた。
（　　　　　　　　）

遺言
故郷
親孝行
精魂
孤独
匿名
墓参り
一周忌

問題 2 次の（　　　）に漢字を書きなさい。

① <u>そうしき</u>があり、親戚が集まった。
（　　　　　）

② 若くして<u>いく</u>とは、とても悲しいことだ。
（　　　）

③ 宗教によっては、肉食^{にくしょく}を<u>いむ</u>人々もいる。
（　　　）

④ 老人福祉施設で、<u>ほうし</u>活動を体験する。
（　　　　）

⑤ 日本にはまだ、正月に<u>ねんがじょう</u>を出す人が多い。
（　　　　　　　）

⑥ 先生の<u>ちゅうこく</u>に耳を傾ける。
（　　　　　　）

1 食べる①

| 桃 もも
トウ | ・桃色／桃の花
・白桃の缶詰 |

| 柿 かき | ・柿の木のある風景
・干し柿が食べたい |

| 栗 くり | ・栗のいがは痛い
・甘栗をむく |

| 芋 いも | ・じゃが芋／里芋
・芋を洗うような人込み |

| 芳 かんば-しい
ホウ | ・芳しい香り　　・トイレの芳香剤
・成績が芳しくない（成績があまり良くない） |

| 臭 くさ-い
にお-う | ・焦げ臭いにおいがする
・生ごみが臭う |

| 昆 コン | ・昆布でだしをとる
・昆虫を観察する　　・ファーブルの昆虫記は興味深い。 |

| 漬 つ-ける
つ-かる | **説明** 肩までどっぷり湯に浸かる（つかる）。
「漬かる」は主に漬け物に使う。

・野菜の漬け物　　・白菜がほどよく漬かる |

| 藻 も
ソウ | ・海底の藻
・海藻は身体にいい |

2 食べる②

| 沸 | わ-く
わ-かす
フツ | ・湯が沸く
・風呂を沸かす　　・やかんの湯が沸騰する |

| 騰 | トウ | ・沸騰したお湯
・人気沸騰中の歌手　　・世論が沸騰する |

| 煮 | に-える
に-やす
に-る
シャ | ・芋が煮える
・業を煮やす　　・おでんを煮る
・煮沸消毒 |

| 炊 | た-く
スイ | ・ご飯を炊く
・炊飯器／自炊生活 |

質問 自炊生活ではどんな料理を作りますか？　（　　　　　　　　　　　　　）

| 揚 | あ-がる
あ-げる
ヨウ | ・旗が揚がる／凧が揚がる
・天ぷらを揚げる
・国旗を掲揚する |

| 炒 | いた-める
い-る | ・野菜を炒める
・豆を炒る |

あなたの得意料理を描いてください　――――――――→

第6章

3 食べる③

蒸	む‐れる む‐す む‐らす ジョウ	・足が蒸れて臭い ・まんじゅうを蒸す　・ご飯を蒸らす ・水蒸気(すいじょうき)／蒸発(じょうはつ)する
鍋	なべ	・鍋で芋を煮る ・鍋料理は簡単でいい
盆	ボン	・お茶をお盆にのせる ・お盆休みは墓参り(はかまいり)に行く
卓	タク	・家族で食卓(しょくたく)を囲む ・卓上(たくじょう)の花　・卓越(たくえつ)した才能の持ち主(も)(ぬし)

確認問題 12

問題 1 　上と下で関係のある言葉を線で結びなさい。

① やかん　　② 鍋　　③ 炊飯器　　④ 白桃　　⑤ 芳香剤　　⑥ 漬け物　　⑦ お盆

a お茶　　b ご飯　　c 缶詰　　d トイレ　　e 野菜　　f 料理　　g お湯

- -

⑧ 柿　　⑨ 海藻　　⑩ お湯　　⑪ じゃが芋　　⑫ 天ぷら　　⑬ 豆　　⑭ まんじゅう

a 果物　　b ポテト　　c 揚げる　　d 炒る　　e 蒸す　　f お風呂　　g 海

問題 2 右から選んで、_____の上に適当な言葉を書きなさい。

また下の（　　）には読み方を書きなさい。また必要な場合は形を変えなさい。

① _____したお湯で、カップラーメンを作る。
（　　　　　　　）

② いろいろな材料を買ってきて、おでんを_____。
　　　　　　　　　　　　（　　　　　　）

③ _____生活は、料理が大変だが慣れると結構楽しい。
（　　　　　　）

④ 青空に凧が_____のを見るのは、気持ちがいい。
　　　　　　　（　　　　　　）

⑤ 今日の海は、_____を洗うような人込みだ。
　　　　　　　（　　　　）

⑥ 子どもの頃、よく_____を観察した。
　　　　　　　　　　（　　　　　）

⑦ 最近、成績が_____くない。
　　　　　　　（　　　　　　）

⑧ 国では、よく家族で_____を囲んだものだ。
　　　　　　　　　（　　　　　）

煮る
揚がる
昆布
沸騰
昆虫
芋
食卓
自炊
芳しい

1 住む①

棚	たな	・本棚・食器棚 ・棚に本を戻す
扉	とびら ヒ	・扉をたたく ・門扉を閉ざす
鉢	ハチ ハツ	・庭の植木鉢／鉢巻 ・托鉢
栓	セン	・ガスの栓を締める ・コルクの栓を抜く
刃	は ジン	・刃が鋭い／刃物は危ない ・凶刃に倒れる
絞	しぼ-る し-まる／し-める コウ	・知恵を絞ってアイディアを出す　　・レモンを絞る ・ネクタイで首が締まる／を締める　・絞殺死体が発見される
縄	なわ ジョウ	・縄跳び／縄でしばる／沖縄県 ・縄文時代の器
綱	つな コウ	・綱引き大会 ・入試の要綱／募集要項

説明 「縄（なわ）」と「綱（つな）」の違い
縄：綱よりは細くて強度も弱い
綱：縄より太くて強度も強い。スポーツ大会の綱引きなどで使われる

網	あみ モウ	・網で魚を捕る ・複雑な交通網／一網打尽

四字熟語

一│網│打│尽 とは？
(いち もう だ じん)

意味 網を一回打っただけで魚を全部とること。一党の者を一度に全部捕えることのたとえ。
(あみ)(いっとう)(とら)

例文 ・密輸グループを一網打尽にする
(みつゆ)(いちもうだじん)

前│代│未│聞 って何？
(ぜん だい み もん)

例文 これまで聞いたこともない珍しいこと。極めて珍しいこと。
「前代」は前の世代。「未聞」はまだ聞いたことがないこと。
(ぜんだい)(みもん)

例文 ・今回の出来事は、前代未聞の事件だ。

※「未聞」を「みぶん」と読むのは誤り

2 住む②

堀 ほり	・城の周囲に堀を張りめぐらす ・釣り堀で魚を釣る
斎 サイ	・葬式の後、斎場へ向かう ・書斎で仕事をする／斎戒沐浴
舎 シャ	・オリンピックに向けて選手の宿舎がつくられている ・学校の校舎には思い出がたくさんある
塔 トウ	・塔に登る／五重塔／テレビ塔 ・京都には多くの仏塔がある
邸 テイ	・彼女はりっぱな邸宅に住んでいる ・首相官邸／豪邸

質問 他に舎のつく建物

（　　　　　　　　　　　　舎）（　　　　　　　　　　　　舎）

亭 テイ	・料亭の味は格別だ ・昔の夫婦は亭主関白が多い。

- -

意味 亭主関白：夫が家庭内で支配権を握り支配者のように

ふるまうこと。

倉 ソウ くら	・使わない物は倉庫にしまう ・商品を倉に納める

棟	むね／むな トウ	・別棟に住む／棟木 ・入院患者の病棟

房	ボウ ふさ	・居酒屋の女房　・寒くなり暖房をつける ・ぶどうの房

垣	かき	・垣根のある家 ・石垣を積み重ねて防御する

四字熟語

斎戒沐浴 ってどういう意味？

意味 神聖な儀式のために、飲食や行動を慎み、身を清めること。また心身を清らかにして事に当たろうとすること。「斎戒」は飲食や行動を慎むこと。「沐浴」は髪を洗い入浴する、「沐」は髪を洗う。

例文 ・今日は、いよいよ夏まつりが始まる。昔の人は「斎戒沐浴」といって、身体をきれいにして、儀式に臨んだそうだ。お祭りも同じだ。よーし、きれいにするぞ。

確認問題 13

問題 1 正しい使い方に○をつけ、正しい読み方をその漢字の上に書きましょう。

① 釣り堀の魚を（　a綱　　b網　　c縄　）でとる。

② 古代オリンピックでは、（　a魚釣り　　b綱引き　　c網とり　）も競技にあったらしい。

③ 私の家には庭がないので、ベランダに（　a植木鉢　b水槽　c箱　）を置いて花を育てている。

④ みんなでワインを飲むため、コルクの（　aびん　　b刃　　c栓　）を抜く。

⑤ 寒いので、部屋の（　a冷房　　bテレビ　　c暖房　）をつけた。

⑥ 彼女は、立派な（　a料亭　　b邸宅　　c亭宅　）に住んでいるらしい。

⑦ 父は作家なので、たいてい家の（　a書斎　　b図書館　　c台所　）で仕事をしている。

⑧ 大きな病院なので、（　a仏塔　　b校舎　　c病棟　）が三つもある。

⑨ 鶏の唐揚げは、最初にレモンを（　a締る　　b絞る　　c盛る　）と、よりおいしい。

⑩ 使わないものは（　a倉庫　　b蔵庫　　c玄関　）にしまっておこう。

問題 2 （　　）の中にあてはまる漢字を下から選んで書きましょう。

また必要があれば、形を変えて書きなさい。

① 新しい（　　　　　）を買ったので、勉強にやる気が出てきた。

② 食事の後は、食器をきれいに洗って（　　　　　）に戻す。

③ 遠くへ旅行するときは、心配なのでガスの（　　　　　）をしめることにしている。

④ 日本のお祭りでは、いろいろな形で頭に（　　　　　）を巻く。

⑤ 知恵を（　　　　　）いいアイディアを出す。

⑥ 刃物は先が（　　　　　）ので、気をつけてください。

⑦ 読書家の彼の（　　　　　）には、書物があふれている。

占める	文房具	食器棚	本棚	鉢巻	絞る	元栓
鋭い	鈍い	締める	源泉	危ない	細い	

1 植物など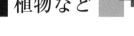

茎	くき ケイ

・植物には、根・茎・葉がある
・地下にある茎が地下茎

幹	みき カン

・木の茎は幹という
・幹線道路は車が多い　　・新幹線／基幹産業

芽	め ガ

・木の芽が出る　　・才能の芽を伸ばす
・種が発芽する

苗	なえ なわ （ビョウ・種苗）

・野菜の苗を植える
・苗代で苗を育てる

芝	しば

・庭に芝を植える
・芝生の広い家

茂	しげ-る モ

・葉が茂る
・雑草が繁茂する

郊	コウ

・郊外に住む
・東京近郊の住宅地

第 7 章

樹 ジュ	・樹木が生い茂る ・街路樹を植える

雄 おす お ユウ	・雄の犬 ・雄しべ　　・雄大な景色

雌 めす め シ	・雄と雌　　・雌しべ ・植物の雌雄　　・雌雄を決する戦い

四字熟語

風光明媚 って何？

意味 景色が清らかで明るく、美しいこと。

「風光」は景色・風景。「明媚」は山や川の景色の清らかで明るく美しいこと。

例文 ・この辺りは自然遺産に指定され、風光明媚な景色が広がっています。

朝令暮改 って何？

意味 朝、命令を出して、夕方にはそれを改め変える。むやみに命令や法律を変えることのた

とえ。「朝令」は、その日の朝に命令を出すこと。「暮改」は、その日の夕方に訂正する。

例文 ・しどろもどろの朝令暮改。こんなものでいいのかしら。

「自然」に関わる漢字を覚えよう！

1 動物

獲	え-る / カク

・ライオンが獲物を追う
・今年は収穫が多い

尾	お / ビ

・動物の尾／尾を引く　　・尾根を伝って山頂をめざす
・犯人を尾行する／語尾

滅	ほろ-びる / メツ

・恐竜が滅びる
・絶滅危惧種を救おう　　・権利が消滅する

獣	けもの / ジュウ

・山で獣の足跡を見つける　　・野生の動物が通る獣道
・ペットブームで獣医が忙しい

狩	か-る／か-り / シュ

・獲物を狩る　　・イチゴ狩りをする
・紅葉狩りを楽しみにする　　・狩猟の会

猟	リョウ

・猟犬を連れて猟に出る

蛇	へび / ジャ／ダ

・蛇にかまれる
・水道の蛇口・蛇行する

餌	えさ / エ

・鳥の餌
・ライオンの餌食になる　　・巨大資本の餌食となる

亀	かめ / キ

・亀の産卵
・人間関係に亀裂が入る

問題1 ( ) にあてはまる漢字を下から選んで書きましょう。

① 祖父は、( ) が腫れていたいので、歯医者に通っている。

② 飛行機より、( ) の方が安全に旅行できると思う。

③ これからは、若い人の才能の（) を伸ばすこともとても重要だ。

④ 今回の講習会に参加して、大きな（) があった。

⑤ 日本では水道の（) をひねると、きれいで飲める水が出るのは当たり前だ。

⑥ 通勤はやや大変だが、( ) での生活は快適である。

⑦ 秋になると、山の紅葉がすばらしいので、人々は（) を楽しむ。

⑧ 道が（) しているので、運転には充分注意したほうがいい。

蛇口　　紅葉狩り　　新幹線　　歯茎　　芽　　蛇行　　郊外

収穫　　目

四字熟語

竜頭蛇尾 って何？

意味 竜のような頭と、蛇のような尾。

初めだけは盛んで、終わりは衰えてしまうことのたとえ。「竜頭」は竜の頭。物事の初めはすばらしいこと。「蛇尾」は蛇の尾。終わりがつまらないことのたとえ。

例文 ・地域興しのイベントも竜頭蛇尾に終わる。

温故知新 って何？

意味 昔のことをよく学び、そこから新しい考えや知識を得ること。また、過去のことを研究して、現在の新しい事態に対処すること。

例文 ・『論語』の「故（ふる）きを温（たず）ね、新しきを知らば、以って師と為るべし」から。「温古知新」は誤り

漢字の下線の読み方で、正しいものに○をつけましょう。

① 五月になって<u>街路樹</u>が美しい季節になった。

    a．かいろじゅ   b．かいろぎ   c．がいろじゅ   d．がいろき

② 山に登り、<u>雄大</u>な景色を見て感動した。

    a．おだいな   b．ゆうだいな   c．ゆうおうな   d．ゆうたいな

③ <u>芝生</u>の広い家がうらやましい。

    a．しばう   b．しばせい   c．しばき   d．しばふ

④ 有名なレストランとあって、お昼時には<u>長蛇</u>の列ができる。

    a．ちょうだ   b．ちょうじゃ   c．ちょうへび   d．ちょうじ

⑤ 犯人を<u>尾行</u>したが、途中で見失ってしまった。

    a．おっこう   b．びこう   c．びっこう   d．おぎょう

⑥ 環境の変化により、<u>絶滅</u>が心配される動物も増えている。

    a．ぜんめつ   b．ぜつまつ   c．ぜめつ   d．ぜつめつ

⑦ ペットブームで、以前に比べ<u>獣医</u>がふえた。

    a．じゅうい   b．じゅんい   c．けものい   d．じゅういしゃ

⑧ 最近、山里にクマが現れるケースが後を絶たず、<u>狩猟会</u>の人たちも大変だ。

    a．しゅじょうかい b．しゅろうかい   c．しゅりょうかい d．しゅりょうえ

⑨ <u>雌雄</u>を決する戦いが繰り広げられる、

    a．めすおす   b．おすめす   c．しゆう   d．かちまけ

⑩ ライオンが<u>獲物</u>を追う姿は、迫力がある。

    a．けもの   b．えもの   c．かくぶつ   d．えぶつ

第7章

1 化学・海洋など

窒 チツ	・窒息すると呼吸ができない

・窒息（ちっそく）すると呼吸（こきゅう）ができない

素 ソ／ス	・空気の４／５は窒素である　　・素材を生かした料理

・空気の４／５は窒素（ちっそ）である　　・素材（そざい）を生かした料理
・素性（すじょう）のよくわからない人　　・素手（すで）でさわる

亜 ア	・亜鉛化合物

・亜鉛（あえん）化合物
・亜熱帯（あねったい）気候　　・亜細亜（あじあ）の国々

鉛 なまり　エン	・鉛色の空を見上げる

・鉛色（なまりいろ）の空を見上げる
・鉛筆（えんぴつ）を削（けず）る　　・亜鉛（あえん）を多く含む食品

硫 リュウ	・硫酸は極めて酸性が強い

・硫酸（りゅうさん）は極（きわ）めて酸性（さんせい）が強い
・硫黄（いおう）のにおいがする温泉

酸 サン　す-い	・酸性　アルカリ性

・酸性（さんせい）　アルカリ性
・酸性雨（さんせいう）の被害（ひがい）　　・酸（す）っぱい食べ物

磁 ジ	・磁石／磁気カード

・磁石（じしゃく）／磁気（じき）カード
・青磁（せいじ）のつぼ

晶 ショウ	・水晶の飾り

・水晶（すいしょう）の飾り
・雪の結晶（けっしょう）／努力（どりょく）の結晶

濁 にご-る　にご-す　ダク	・部屋の空気が濁る　　・お茶を濁す

・部屋（へや）の空気が濁（にご）る　　・お茶を濁（にご）す
・濁点（だくてん）をつける　　・濁流（だくりゅう）にのまれる

| 澄 | す-む
す-ます
チョウ | ・きれいに澄んだ川　　・耳を澄まして聴く
・高原の清澄な空気 |

| 潮 | しお
チョウ | ・潮が満ちる⇔潮が引く
・満潮　　・干潮　　・世の中の風潮 |

| 浦 | うら | ・浦島太郎の話
・津々浦々に知れわたる |

| 沿 | エン
そ-う | ・沿岸に出て魚を捕る　　・沿線を走る電車
・川に沿って歩く |

第7章

四字熟語

津々浦々

意味 いたるところの海や海岸、また、全国いろいろな所、国じゅう、つづうらうら。

例文 ・今回のことは津々浦々に知れ渡り、いつのまにか有名な話になった。

1 海洋・気象など

溝 みぞ コウ	・溝を掘る　　・両国間の溝が深まる ・側溝のそうじをする

漂 ただよ-う ヒョウ	・街に活気が漂う　　・和やかな雰囲気が漂う ・船が漂流する　　・漂白剤を入れて洗濯する

没 ボツ	・船が沈没する ・財産を没収される　　・研究に没頭する

霧 ム きり	・霧がかかる／霧雨が降る ・濃霧注意報　　・長年の計画が雲散霧消した

霜 しも ソウ	・寒くなって霜が降りる　　・霜柱が立つ ・霜害で野菜がダメになる

露 つゆ ロ／ロツ	・朝露が降りる　　・草が露で濡れている ・悪事を暴露する　　・結婚披露宴

圏 ケン	・ロケットが大気圏を出る ・首都圏の人口は減らない　　・携帯電話が圏外になる

緯 イ	・緯度が同じ地域 ・今までの経緯を話す　　・緯度・経度

曇	くも-る ドン

・空が曇ってきた　　・ガラスが曇る
・不安で表情が曇る　・曇天の空が続く

虹	にじ

・雨上がりに虹が出た。

四 字 熟 語

三寒四温って何？

意味 冬季・晩秋・初春の頃、三日ほど寒い日が続けば、その後四日くらい暖かい日が続き、それを繰り返す。中国北部や朝鮮半島北部などで顕著に見られる。

例文 ・三寒四温を繰り返しながら春に近づくんですね。

問題1 右からえらんで＿＿＿＿の上に適当な言葉を書きなさい。
また（　　　）には読み方を書きなさい。必要な場合は形を変えなさい。

① この川はかつてひどく＿＿＿＿いて、悪臭(あくしゅう)もしていたが、
（　　　　　　）

市と住民(じゅうみん)の努力により、＿＿＿＿川に生まれ変わった。
（　　　　　　）

② 最近は、使い捨(つか す)ての＿＿＿＿を見直(みなお)そうという時代に
（　　　　　　）

変化してきた。

③ 川に＿＿＿＿のんびり歩くと、風が心地(ここち)よい。
（　　　　）

④ 関税(かんぜい)の問題で二国間(にこくかん)の＿＿＿＿は深(ふか)まるばかりだ。
（　　　　）

⑤ 船が＿＿＿＿して、多くの犠牲者(ぎせいしゃ)が出た。
（　　　　　　）

⑥ Ａさんは今、卒業に向けて、卒業論文(ろんぶん)に＿＿＿＿している。
（　　　　　　）

⑦ 毎日＿＿＿＿の空が続き、心も晴(は)れない。
（　　　　）

曇天
濁る
沈没
没頭
澄む
風潮
沿う
溝

問題2 上と下で関係のある言葉を線で結びなさい。

① 曇天　　② 虹　　③ 霜柱　　④ 緯度　　⑤ 没頭　　⑥ 漂流　　⑦ 首都圏

a. 郊外　　b. 冬　　c. 雨上がり　　d. 研究　　e. 船　　f. 経度　　g. 晴天

- -

⑧ 濃霧　　⑨ 結婚　　⑩ 耳　　⑪ 漂白剤　　⑫ 大気圏　　⑬ 太平洋

a. 沿岸　　b. 澄ます　　c. 洗濯　　d. 地球　　e. 披露宴　　f. 注意報

「自然」に関わる漢字を覚えよう！

1 動物・昆虫など

雀	すずめ ジャク

- 雀が鳴いている／雀の涙ほどの退職金
- 孔雀の羽は美しい

鳩	はと キュウ

- 鳩に餌をやる／伝書鳩
- 鳩舎

鴨	かも

- 鴨の親子／鴨鍋
- いい鴨にされる

烏	からす ウ

- 烏がごみを散らかす／烏の行水
- 烏合の衆

鶴	つる

- 千羽鶴を折る
- 鶴の一声で物事が進む

鶏	にわとり ケイ

- 鶏の鳴き声とともに起床する
- 養鶏場を営む

翼	つばさ ヨク

- 翼を大きく広げる
- 飛行機の尾翼／右翼手

牙	きば ガ／ゲ

- ライオンの牙／牙をむく
- 象牙細工／悪徳業者の毒牙にかかる

蝶	チョウ

- 蝶よ花よと育てる
- 蝶を捕まえる／蝶ネクタイをつける

第7章

| 蚊 か | ・蚊に刺される |
| | ・蚊帳の中で寝る／蚊帳の外に置かれる |

| 蜂 はち ホウ | ・蜂に刺される／女王蜂 |
| | ・民衆が蜂起する |

| 蜜 ミツ | ・蜜蜂の巣 |
| | ・パンに蜂蜜をつける／両派の蜜月時代 |

| 蛍 ほたる ケイ | ・川辺で蛍を見つける |
| | ・蛍光ペン／蛍光灯 |

四字熟語

自由奔放 って何？

意味 周りを気にせず、自分の心の欲するままに振る舞うこと。「奔放」は、思うままに勝手に振る舞うこと。

例文 ・周囲を気にかけず、自由奔放に生きられたらいいのになあ。

臨機応変 って何？

意味 その場に応じて適切な手段を講じること。

例文 ・臨機応変に対応することによって、問題を回避できた

当意即妙 って何？

意味 その場に適応してすばやく機転を利かすこと。

例文 ・彼の受け答えは、当意即妙というべきだ。

問題1 （　　　　）の中から、文に当てはまる言葉をさがし○をつけなさい。

① ライオンが牙^{きば}を　（　a.むく　　b.あげる　　c.かかる　　d.はしる　）

② 蜂蜜^{はちみつ}は　（　a.からい　　b.あまい　　c.はやい　　d.しろい　）。

③ （　a.亀　　b.蝶　　c.蛇　　d.象　）は、昆虫^{こんちゅう}である。

④ （　a.はち　　b.ほたる　　c.はと　　d.つばさ　）は、鳥^{とり}である。

⑤ （　a.蚊　　b.蝶　　c.蛍　　d.蜜　）に刺^さされると痒^{かゆ}い（痛い）。

⑥ ごみをあさって散^ちらかすのは、（　a.雀　　b.烏　　c.鴨　　d.蛍　）である。

問題2 下線の漢字の読み方を（　　　　　）に書きなさい。

① 雀（　　　　　　）が庭で遊んでいる。

② 鳩（　　　　　　）にえさをやる。

③ 烏（　　　　　　）は、人間にとって迷惑^{めいわく}な鳥である。

④ 象の牙（　　　　　　）で工芸品^{こうげいひん}などが作られるのは、悲しいことである。

⑤ 鶏肉（　　　　　　）、牛肉、豚肉、どれもおいしく栄養^{えいよう}がある。

⑥ ワシやタカは、翼（　　　　　　）の大きな鳥である。

⑦ 病気で苦^{くる}しんでいる人のために回復を願って、千羽鶴（　　　　　　　　）を折る。

⑧ 鴨（　　　　　　）の親子は、集団で移動することが多い。

⑨ 蛍光（　　　　　　）ペンは、便利な文房具^{ぶんぼうぐ}だ。

1 農業など

拓 タク	・荒地を開拓して畑をつくる ・開拓農家 ・湖の干拓事業

稲 いね／いな トウ	・稲の刈り取り／稲作農家 ・稲妻が走る ・水稲耕作

穂 ほ スイ	・穂が出る ・麦の穂／稲穂 ・出穂の時期

耕 たがや-す コウ	・田畑を耕す ・農耕民族 ・晴耕雨読

刈 か-る	・草を刈る ・羊の毛を刈る ・バリカンで髪を刈る

穫 カク	・米を収穫する ・講演会に出席して多くの収穫を得た

穀 コク	・米・麦などの穀類 ・日々穀物を蓄える ・穀物が税金の代わりの時代

四字熟語

せい こう う どく
| 晴 | 耕 | 雨 | 読 |

意味 晴れの日は畑を耕し、雨の日は家にいて読書すること。つまり、俗事にとらわれずゆったりと生きることのたとえ。

例文 ・老後は田舎に帰り、晴耕雨読の日々を送りたいものだ。

栽	サイ

・野菜を栽培する
やさい　さいばい

・盆栽は世界的だ
ぼんさい

培	バイ つちか - う

・果樹を栽培する　　　　・細菌を培養する
かじゅ　さいばい　　　　さいきん　ばいよう

・実力を培う
じつりょく　つちか

繁	ハン

・商売が繁盛する
しょうばい　はんじょう

・町が繁栄する　　　・繁華街に出る
はんえい　　　　はんかがい

1 その他の漢字①

汽 キ	・汽車に乗る ・船の汽笛が聞こえる

舶 ハク	・舶来の化粧品 ・大型船舶で旅をする

還 カン	・領土を返還する ・無事に生還する　・還暦を迎える

巡 めぐ-る ジュン	・観光地を巡る　・島巡りの旅 ・町を巡回する

貢 みつ-ぐ コウ ク	・愛人に貢ぐ　・世界平和に貢献する ・年貢を納める

献 ケン コン	・特産の品を献上する　・献身的に看病する ・今日の献立を考える

軸 ジク	・グラフの縦軸／横軸　・チームの軸となる ・車輪の軸　・少子化対策に軸足を置く

軌 キ	・人工衛星が軌道に乗る　・事業が軌道に乗る ・生活の軌道を修正する　・常軌を逸した行動

遣	つか-う つか-わす ケン	・気を遣う　　・金遣いが荒い ・使者を遣わす　　・人材派遣の会社
遇	グウ	・待遇の改善を要求する ・恵まれた境遇にある　　・奇遇なめぐりあわせ
渉	ショウ	・他国と交渉する ・他人に干渉する
提	テイ さ-げる	・レポートを提出する ・新たな考えを提案する　　・カバンを肩から提げる

2 その他の漢字②

| 択 タク | ・進路を選択する
しんろ せんたく
・取捨選択する
しゅしゃせんたく |
|---|---|

| 摘 つ-む テキ | ・花を摘む／イチゴを摘む　・悪の芽を摘む
つ つ あく め つ
・間違いを指摘する
まちが してき |

| 把 ハ | ・状況を把握する
じょうきょう はあく
・政権を把握する
せいけん はあく |

| 搬 ハン | ・建築材を運搬する
けんちくざい うんぱん
・商品を搬入する
しょうひん はんにゅう |

| 妥 ダ | ・互いに妥協する
たが だきょう
・妥当な判断を下す
だとう はんだん くだ |

| 佐 サ | ・部長を補佐する
ぶちょう ほさ
・大統領補佐官
だいとうりょうほさかん |

| 請 セイ こ-う う-ける | ・支払いを請求する　　・ビザの交付を申請する
しはら せいきゅう こうふ しんせい
・許しを請う　　・工事を請ける
ゆる こ こうじ |

| 派 ハ | ・派閥の争い
はばつ あらそ
・派手な服装　　・立派な行い
はで ふくそう りっぱ おこな |

| 蓄 チク たくわ-える | ・毎月貯蓄している　　・疲労が蓄積する
まいつきちょちく ひろう ちくせき
・知識を蓄える
ちしき たくわ |

託 タク	・未来を子どもに託す ・子どもを託児所に預ける　・業務を委託する
勘 カン	・あわてて勘違いをする ・勘定を済ませる　・あの人は勘がいい
障 ショウ　さわ-る	・障害を乗り越える ・気に障る
祉 シ	・福祉政策が重要だ ・社会福祉
概 ガイ	・概略を説明する ・休日は大概家にいる
顧 コ　かえり-みる	・学生時代を回顧する ・家族を顧みない人　・過去を顧みる

四字熟語

取捨選択 ってどんな意味？

意味 よいものや必要なものを選び取り、悪いものや不必要なものを捨てること。

例文 ・材料をよく見、取捨選択して、いいものを作り上げよう。

確認問題 17

問題1 下線の言葉の正しい漢字はどれですか。選んで○をつけなさい。

① 昨日、駅で<u>ぐうぜん</u>（　a. 偶然　　b. 遇然　　c. 遇全　）中学時代の友達に出会った。

② 畑で、野菜を<u>さいばい</u>（　a. 裁培　　b. 栽培　　c. 再売　）する。

③ 講演会に出席して、<u>しゅうかく</u>（　a. 習穫　　b. 収穫　　c. 収獲　）があった。

④ 秋になると、<u>いね</u>（　a. 米　　b. 麦　　c. 稲　）の刈り取りをする。

⑤ パーティーなので、<u>はで</u>（　a. 羽出　　b. 派手　　c. 波手　）な服装で出かけた。

⑥ 少子高齢化社会においては、<u>ふくし</u>（　a. 副子　　b. 福史　　c. 福祉　）政策が

重要だ。

⑦ 最近、あわてていて、<u>かんちがい</u>（　a. 感違い　b. 勘違い　c. 観違い　）が多い。

⑧ ビザの更新を<u>しんせい</u>（　a. 申請　　b. 新正　　c. 進請　）する。

⑨ 夢をかなえるために、毎月<u>ちょちく</u>（　a. 貯金　　b. 貯蓄　　c. 貯築　）をしている。

⑩ 入社したばかりなので、いろいろ気を（　a. 使う　　b. 遣う　　c. 束う　）こと

が多い。

問題2 下線の漢字の読み方を書きなさい。

① 写真を見ながら、学生時代を<u>回顧</u>（　　　　）する。

② アパートの大家さんに、部屋代の支払いを<u>請求</u>（　　　　）された。

③ 子供の頃あいさつをきちんとすると、「<u>立派な</u>（　　　　）お子さんですね」と褒

められた。

④ 政府は、領土<u>返還</u>（　　　　）のために努力しているが、なかなかうまくいかない。

⑤ 今回の事件の<u>概略</u>（　　　　）を説明する。

⑥ 今日の<u>献立</u>（　　　）を考えながら、スーパーで買い物をする。

⑦ 町を<u>巡回</u>（　　　　）するのも、警察官の仕事である。

⑧ 時には、互いに<u>妥協</u>（　　　　）することも大切だ。

⑨ コロナ禍で<u>繁華街</u>（　　　　）の人通りも少ない。

1 教育①

礎 ソ / いしずえ	・教育においては基礎が大切だ。 ・会社の礎を築く
践 セン	・学んだことは実践しよう ・実践の経験を積もう
模 モ / ボ	・水玉模様のワンピース ・規模の大きい会社
範 ハン	・模範を示す ・試験範囲が広い
釈 シャク	・英文を解釈する ・難解な語句に注釈をつける
拠 キョ / コ	・ある考えの根拠を示す ・証拠を示す
擬 ギ	・本番に備えて模擬試験を受ける ・擬音語／擬態語はおもしろい
哲 テツ	・哲学を専攻する ・人生哲学を語る
倫 リン	・倫理に反する行動 ・倫理的に間違っている
志 シ / こころざ-す	・意志をはっきり示す ・医者を志す

推	スイ お-す	・結果を推論する すいろん ・リーダーに推される お
薦	セン すす-める	・リーダーに推薦される すいせん ・教授の薦める書 すす　しょ
功	コウ ク	・実験に成功する じっけん　せいこう ・優れた功績を残す／功徳を積む すぐ　こうせき　くどく　つ
佳	カ	・絵画展で佳作に選ばれる かいがてん　かさく　えら ・話が佳境に入る かきょう　はい
秀	シュウ ひい-でる	・優秀な成績で卒業する ゆうしゅう　せいせき ・一芸に秀でる いちげい　ひい
克	コク	・難題を克服する なんだい　こくふく ・事実を克明に語る こくめい
訂	テイ	・誤りを訂正する あやま　ていせい ・改訂版のテキスト かいていばん
項	コウ	・項目を分類する こうもく　ぶんるい ・注意事項／募集要項 ちゅういじこう　ぼしゅうようこう
索	サク	・インターネットで検索する けんさく ・索引を調べる さくいん
稿	コウ	・スピーチの原稿を書く げんこう ・雑誌に投稿する ざっし　とうこう

2 教育②

翻	ホン / ひるがえ-る／ひるがえ-す	・英語に翻訳する ・風に旗が翻る／態度を翻す
欄	ラン	・解答欄に記入する ・欄外に注釈を記す
載	サイ / の-る／の-せる	・経歴を記載する ・荷物を棚に載せる
啓	ケイ	・彼の意見には啓発された ・大衆を啓蒙する
監	カン	・会計を監査する ・国境を監視する
督	トク	・野球チームの監督になる ・映画監督になる
矛	ム／ほこ	・非難の矛先を向ける
盾	ジュン／たて	・矛と盾の関係 ・彼の話は矛盾している
浸	シン／つ-かる / ひた-る／ひた-す	・台風による床下浸水／水害で家が水に浸かる ・湯に浸る／タオルを水に浸す
透	トウ / す-く／す-かす／す-ける	・透明な液体 ・透き通った水／明かりに透かして見る／肌の透けるブラウス

諸 ショ	・欧米諸国 　おうべいしょこく ・その他諸々 　　　もろもろ
班 ハン	・班を作る 　はん ・三つに班に分かれる 　　　　はん　わ
怠 タイ おこた - る／ なま - ける	・怠惰な生活 　たいだ ・勉強を怠ける／努力を怠る 　　　　なま　　　どりょく　おこた
誠 セイ まこと	・誠実な人柄 　せいじつ　ひとがら ・誠を尽くす 　まこと　つ
誇 コ ほこ - る	・事実を誇張して話す 　じじつ　こちょう ・才能を誇る 　さいのう
懸 ケン／ケ か - ける／ かか - る	・先行きを懸念する／一生懸命勉強する 　さきゆ　　けねん　　いっしょうけんめい ・心に懸ける／試合の結果が気に懸る 　　　か　　　　　　　　　　　　かか
繰 く - る	・同じことを繰り返す 　おな　　　　く　かえ ・本のページを繰る 　　　　　　　く
析 セキ	・内容を分析する 　ないよう　ぶんせき
熟 う - れる ジュク	・トマトが熟れる 　　　　　う ・内容を熟知する 　ないよう
揮 キ	・オーケストラを指揮する 　　　　　　　　しき ・実力を発揮する 　じつりょく

確認問題 18

問題1 右から選んで＿＿＿＿の上に言葉を書きなさい。また（　　）には読み方を書きなさい。必要な場合は、形を変えて書きなさい。

① 医者を＿＿＿＿＿、今＿＿＿＿＿＿＿勉強しているところです。
（　　　　　　）（　　　　　　　　　　）

② A氏は、オーケストラを＿＿＿＿＿する有名な音楽家です。
（　　　　　　　　）

③ 彼の話はときどき＿＿＿＿＿＿しているので、信用されなくなった。
（　　　　　　　）

④ 毎日＿＿＿＿＿＿練習したので、実力を＿＿＿＿＿できた。
（　　　　　　　　）　　　　（　　　　　　　　）

⑤ 今回のテストは試験＿＿＿＿＿が広いので大変だ。
（　　　　　　　）

⑥ ようやく仕事が終わって、湯に＿＿＿＿＿疲れがとれた。
（　　　　　　　　）

⑦ 国境は24時間体制で＿＿＿＿＿されている。
（　　　　　　　）

⑧ 試験で、＿＿＿＿＿＿を間違えて記入したのでショックだった。
（　　　　　　）

矛盾
繰り返す
範囲
解答欄
監視
式
浸る
志す
一生懸命
指揮
監督
発揮

問題2 上下で、関係のある言葉を線で結びなさい。

（1）

① 荷物　　② 矛　　③ 懸念　　④ 英語　　⑤ 雑誌　　⑥ インターネット

a. 検索　　b. 心配　　c. 投稿　　d. 載せる　　e. 盾　　f. 翻訳

- -

（2）

① 会計　　② 絵画展　　③ 映画　　④ 成功　　⑤ 透明　　⑥ 文学

a. 佳作　　b. 専攻　　c. 液体　　d. 失敗　　e. 監査　　f. 監督

1 文化①

庶	ショ	・庶民（しょみん）の生活 ・庶民的（ひとがら）な人柄
娯	ゴ	・庶民の娯楽（ごらく）／娯楽施設（しせつ）
興	コウ／キョウ おこ-る／ おこ-す	・興味（きょうみ）がある／災害（さいがい）から復興（ふっこう）する ・事業（じぎょう）を興（おこ）す
趣	シュ おもむき	・趣味（しゅみ）を持つ ・趣（おもむき）のある庭園（ていえん）
釣	く-る つ-る チョウ	・魚釣（さかなつ）りが趣味である ・釣果（ちょうか）を競（きそ）う
撮	サツ と-る	・写真撮影（さつえい）が趣味だ ・子どもの写真（しゃしん）を撮（と）る
彫	チョウ ほ-る	・彫刻（ちょうこく）が趣味だ ・仏像（ぶつぞう）を彫（ほ）る
創	ソウ つく-る	・創作（そうさく）料理の店が流行（はや）っている ・会社を創（つく）る
俗	ゾク	・江戸時代（えどじだい）の風俗（ふうぞく） ・低俗（ていぞく）な雑誌（ざっし）
描	ビョウ えが-く／ か-く	・細（こま）かい部分（ぶぶん）まで描写（びょうしゃ）する ・風景（ふうけい）を描（えが）く／地図を描（か）く

肖 ショウ	・肖像画を描く ・不肖ながら努力いたします
漫 マン	・流行りの漫画／天真爛漫な人 ・漫然と話を聞く
陶 トウ	・陶器作りが趣味だ ・美酒に陶酔する
墨 すみ ボク	・筆と墨で文字を書く ・墨汁をたっぷりつけて書く
朱 シュ	・朱に交われば赤くなる ・朱肉をつけて印を押す
淡 タン あわ-い	・淡水の川に生息する魚 ・淡い色のワンピース
琴 こと キン	・琴の音色／琴を弾く ・心の琴線に触れる
弦 ゲン つる	・弦楽器を奏でる／上弦の月 ・弓の弦を張る
鼓 つづみ コ	・鼓を打つ／一張りの鼓 ・太鼓をたたく
笛 ふえ テキ	・試合終了の笛が鳴る ・船の汽笛が鳴る

2 文化②・宗教など

漢字	読み	例文
雅	ガ	・雅楽の演奏を聴く ・優雅な生活
奏	ソウ かな-でる	・ピアノの演奏を聴く ・メロディーを奏でる
譜	フ	・楽譜を読む ・一族の系譜をたどる
鑑	カン かんが-みる	・歌舞伎を鑑賞する ・国際情勢を鑑みる
仁	ジン／ニ	・仁徳あふれる政治 ・仁王像は左右にある
僧	ソウ	・出家して僧侶になる ・修行を積んで高僧になる
尼	あま ニ	・彼女は出家して尼になった ・出家して尼僧になる
尚	ショウ	・山寺の和尚さん ・高尚な趣味を持つ
禅	ゼン	・禅宗の僧侶 ・座禅を組んで瞑想する
鐘	かね ショウ	・お寺の鐘を鳴らす ・あの事件は、現代社会への警鐘となった

典 テン	・百科事典でいろいろ調べる／和英辞典で意味を調べる ・古典文学を読む／会員だけの特典
弓 ゆみ	・敵に向かって弓を引く ・弓道を習う
矢 や シ	・矢が的に命中する ・一矢報いる／光陰矢のごとし
鋼 コウ はがね	・鉄鋼業を営む ・鋼で刃物をつくる
剣 つるぎ ケン	・剣の舞を踊る ・剣道を習う／真剣に学ぶ
刀 かたな トウ	・腰に刀を差す ・単刀直入な言い方
鎖 くさり サ	・犬を鎖でつなぐ ・工場を閉鎖する／鎖国
侍 さむらい ジ	・侍の時代が終わる ・侍従として仕える
騎 キ	・ヨーロッパには騎士の時代があった ・今年の選挙は、現職と新人の一騎打ちだ

問題1　下線の言葉の正しい漢字を選びなさい。

① 災害からのふっこう（　a. 復興　b. 福行　c. 復攻　）にはまだまだ時間がかかる。

② 江戸時代の文学から、当時のしょみん（　a. 小民　b. 庶民　c. 諸民　）の生活が分かる。

③ 以前に比べ歌舞伎のかんしょう（　a. 観賞　b. 感章　c. 鑑賞　）は容易になった。

④ 英単語の意味が分からないので、英和じてん（　a. 事典　b. 辞典　c. 自転　）で調べる。

⑤ 今流行のまんが（　a. 慢画　b. 満雅　c. 漫画　）に興味を持ち、日本へやって来た。

⑥ 人が集まっていたので、よく見たらドラマをさつえい（a. 撮影　b. 撮映　c. 察英　）していた。

⑦ 豪華なホテルでゆうがな（　a. 裕画な　b. 優雅な　c. 悠画な）一日を過ごしたい。

⑧ たまには、ざぜん（　a. 座前　b. 座前　c. 座禅　）を組んで瞑想してみたい。

⑨ 大晦日にお寺のかね（　a. 金　b. 鐘　c. 銀　）が鳴ると、一年も終わりだ。

⑩ 今年の選挙は、現職と新人のいっきうち（　a. 一機打ち　b. 一騎打ち　c. 一気討ち　）だ。

問題2　下問題2　下線の漢字の読み方を（　　　）に書きなさい。

① 友だちは油絵を描くという高尚（　　　　　）な趣味を持っている。

② ヨーロッパには、日本の侍（　　　　）と同じように騎士（　　　　）という身分があった。

③ 山寺の和尚（　　　　　）さんは、たくさんの人に慕われている。

④ 印象派の画家ゴッホは自分の肖像画（　　　　　）も描いている。

⑤ 飼っている犬は、鎖（　　　　　）できちんとつないでください。

⑥ A氏は、出家して尼（　　　　）になると同時に、執筆活動も行っている。

⑦ ピアノの演奏会（　　　　　）で、偶然友だちと会った。

⑧ 船の汽笛（　　　　　）を聞き、急に故郷がなつかしくなった。

⑨ 大学で、江戸時代の風俗（　　　　　）について研究している。

1 文化①・皇室関係

宮	キュウ／グウ／ク／みや	・ベルサイユ宮殿／明治神宮／宮内庁 ・お宮参り
廷	テイ	・宮廷で晩餐会が開かれる ・大和朝廷の政治
皇	コウ／オウ	・ナポレオン皇帝／昭和天皇
帝	テイ	・ローマ帝国／帝国ホテル
后	コウ	・天皇に対する皇后 ・天皇の母は皇太后
陛	ヘイ	・天皇陛下・皇后陛下
妃	ヒ	・王妃マリーアントワネット ・妃殿下にお会いする
姫	ひめ	・「かぐや姫」の物語 ・アンデルセン童話「おやゆび姫」
奨	ショウ	・学問を奨励する ・奨学金をもらって学業に励む
彰	ショウ	・永年勤続で表彰を受ける
賜	たまわ-る／シ	・国王から褒美を賜る ・相撲で優勝の賜杯を受ける

第
10
章

傑 ケツ	・数々の傑作(けっさく)を残した作家	

・永年(ながねん)の功績(こうせき)により勲章(くんしょう)を賜(たまわ)る

勲 クン	

誉 ヨ ほま-れ	・名誉(めいよ)を傷(きず)つける ・美しい自然は郷土(きょうど)の誉(ほま)れだ

呈 テイ	・花束(はなたば)を贈呈(ぞうてい)する

冠 かんむり カン	・国王から冠(かんむり)を賜る ・勝利(しょうり)の栄冠(えいかん)を勝(か)ち取(と)る

幻 ゲン まぼろし	・幻想(げんそう)を抱く（いだく） ・死んだ母の幻(まぼろし)を見る

仙 セン	・仙人(せんにん)の住む山

聖 セイ	・聖書(せいしょ)を読む ・聖人(せいじん)のような行(おこな)い

四字熟語

異(い)口(く)同(どう)音(おん)

意味 多数の異なる人が、同じことを言うこと。多くの人々の意見や表現が一致することのたとえ。「異口」は何人かの異なる人々の口。「同音」は同じことを言う。

例文 ・この件に関しては皆、異口同音に反対を唱えている。

2 文化②・歴史など

漢字	読み	例
魔	マ	・魔法使いの少女 ・悪魔を追い払う
吉	キチ／キツ	・吉凶を占う ・おみくじで大吉が出た
凶	キョウ	・凶が出て不安になる ・今年は雨が多く凶作だった
厄	ヤク	・神社で厄払いをする ・厄介な事件に遭う
鬼	おに キ	・心を鬼にして叱る ・子供の頃から数学は鬼門だ
幕	マク バク	・劇場の幕が開く ・江戸幕府は 200 年続いた
藩	ハン	・幕藩体制が崩れ明治時代となった
紀	キ	・21 世紀 ・中国文明は紀元前から栄えた
歴	レキ こよみ	・歴史上の人物が紙幣になる／還暦を迎える ・暦の上ではもう冬だ

第10章

崇 スウ	・○○氏を崇拝する しすうはい ・自然を崇拝する しぜん
祥 ショウ	・インダス文明発祥の地 はっしょう ・前代未聞の不祥事 ぜんだいみもん ふしょうじ
碑 ヒ	・記念碑を建てる きねんひ た ・石碑から歴史を学ぶ せきひ れきし まな
墳 フン	・兵馬俑は巨大な古墳だ へいばよう きょだい こふん
郷 キョウ ゴウ	・故郷に帰る／郷土料理 こきょう きょうどりょうり ・水郷地帯の美しい景色 すいごう けしき
旗 はた キ	・旗を振って応援する ふ おうえん ・国旗を掲揚する こっき けいよう
塔 トウ	・近くに五重の塔が見える ・搭乗手続きをする
織 お-る ショク シキ	・機織りをする人々 はたお ・紡織で生計を立てる／組織で働く ぼうしょく そしき
染 そ-める／そ- まる／し-みる セン	・髪を染める／夕日に染まる／汗が染みる そ そ あせ し ・伝染病／染色の技 でんせんびょう せんしょく

問題1 下線の漢字の読み方で正しいものに○を付けましょう。

① <u>宮廷</u>で晩餐会が開かれる。

   a. ぐうてい   b. きゅうてい   c. きゅうでん   d. ぐうてん

② 皆勤賞で<u>表彰</u>を受ける。

   a. ひょうしん   b. そうしょう   c. しょうじょう   d. ひょうしょう

③ 農業が<u>奨励</u>され、多くの<u>作物</u>が作られるようになった。

   a. しょうれん   b. しょうれい   c. そうれい   d. しょうせい

④ 後世に残るゴッホの<u>傑作</u>は多数ある。

   a. かさく   b. けつさく   c. けっさく   d. けっせき

⑤ 美しい自然は郷土の<u>誉れ</u>だ。

   a. ほまれ   b. えいよ   c. めいよ   d. ほめれ

⑥ 賞をもらった記念に花束を<u>贈呈</u>される。

   a. そうてい   b. ぞうとう   c. ぞうてい   d. ぞうてん

⑦ 夜遅くまで勉強したので、授業中<u>睡魔</u>に襲われる。

   a. すいま   b. すいき   c. すうま   d. すいみん

⑧ 古代文明<u>発祥</u>の地を訪れる。

   a. ほっしょう   b. はっせい   c. はっしょう   d. はつしょう

問題2 （　　　　）にあてはまる漢字を下から選んで書きましょう。

① 19世紀、ナポレオンは（　　　　）として、人々に（　　　　　）されていた。

② ○○博士は、永年の努力により、（　　　　　）ある賞を受けた。

③ チームは、ついに勝利の（　　　　　）を勝ち取った。

④ 紙幣には、（　　　　）上の人物の顔がよく採用される。

⑤ 中国の兵馬俑は、巨大な（　　　　）である。

⑥ スポーツ大会の初めには、（　　　　　）が掲揚される。

崇拝	名誉	国旗	歴史	栄冠	古墳	皇帝

第10章

1 身体の部位など

| 瞳 | ひとみ
ドウ | ・瞳を閉じて考える
・瞳孔で光の調節をする |

・瞳を閉じて考える
・瞳孔で光の調節をする

| 眉 | まゆ
ビ・ミ | |

・眉毛を整える
・眉目秀麗な青年　・眉間にしわを寄せる

| 頬 | ほお | |

・頬が赤くなる／頬がゆるむ

| 唇 | くちびる
シン | |

・冬は唇が乾く
・口唇炎に悩まされる

| 爪 | つめ／つま | |

・足の爪を切る／台風の爪痕が残る
・爪先立ちをする

| 喉 | のど
コウ | |

・喉が渇く／自慢の喉を聞かせる
・喉が痛いので耳鼻咽喉科へ行く

| 掌 | ショウ | |

・人事を掌握する
・お墓の前で合掌する

| 膚 | フ | |

・皮膚が赤くなる／皮膚科に行く

| 肢 | シ | |

・下肢の運動をする
・答えの選択肢は複数ある

膝 ひざ	・膝の曲げ伸ばし運動 ・膝を交えて話し合う
肘 ひじ	・机に肘をつく
胴 ドウ	・胴が長い／胴回りを測る ・監督を胴上げする
脇 わき	・脇に本を挟む ・話が脇道にそれる
尻 しり	・滑って尻餅をつく ・行進の尻について歩く
裸 はだか ラ	・裸で水浴びをする ・裸眼視力を測る

四字熟語

医食同源

意味 薬と食べ物は、体内に入って体調を整えるという意味で根源を同じくするという意味。つまり普段の食生活に気を配ることは、医療・医薬品に通じるということ。また、身体に良い食べ物は、薬のようなものということ。

例文 ・「医食同源」といわれるように、日常の食生活が健康を保つには重要なんですね。

1 内臓・その他①

| 肺 ハイ | ・肺で呼吸する
・肺活量が多い |

| 腸 チョウ | ・胃腸が弱い
・大腸と小腸がある |

| 肝 カン きも | ・肝臓を悪くする／肝心なこと
・肝を冷やす |

| 胆 タン | ・胆石を手術でとる
・大胆な行動／落胆する |

| 腎 ジン | ・腎臓で体液の調節をする |

| 尿 ニョウ | ・尿検査を受ける
・尿素入りのハンドクリーム |

| 膜 マク | ・鼓膜が破れる
・横隔膜の伸縮が呼吸を助ける |

| 循 ジュン | ・血液の循環がよくなる
・市内を循環するバス |

| 盲 モウ | ・盲学校で学ぶ／盲導犬
・盲人用の信号機 |

疾 シツ	・三大疾病／呼吸器の疾患 <small>しっぺい こきゅうき しっかん</small>	

痢 リ	・下痢止めの薬を飲む <small>げり ど くすり</small> ・赤痢も感染症だ <small>せきり かんせんしょう</small>

矯 キョウ / た-める	・歯並びを矯正する／発音を矯正するのは難しい <small>は なら きょうせい はつおん きょうせい</small> ・松の枝を矯める／欠点を矯める <small>まつ えだ けってん</small>

癖 くせ / ヘキ	・悪い癖を直す／口癖 <small>わる くちぐせ</small> ・生来の悪癖が直らない <small>せいらい あくへき なお</small>

耗 モウ	・体力を消耗する <small>たいりょく しょうもう</small> ・消耗品が減ってきた <small>しょうもうひん へ</small>

胎 タイ	・超音波で胎児を見る <small>ちょうおんぱ たいじ</small> ・胎教にいい音楽 <small>たいきょう</small>

疫 エキ	・疫病が流行る <small>えきびょう はや</small> ・免疫力を高めることが重要だ <small>めんえきりょく たか</small>

2 内臓・その他②

| 慢 マン | ・慢性（まんせい）の病気／我慢（がまん）強（づよ）い性格 |

| 鍛 タン きた-える | ・心身（しんしん）を鍛錬（たんれん）する
・体（からだ）を鍛える |

| 錬 レン | ・精神（せいしん）を鍛錬する
・錬金術（れんきんじゅつ）の流行（りゅうこう） |

| 殖 ショク ふ-える／ふ-やす | ・魚の養殖（ようしょく）・ねずみの繁殖（はんしょく）
・利子（りし）が殖える／子孫を殖やす |

| 摂 セツ | ・ビタミンCを摂取（せっしゅ）する
・医者（いしゃ）の注意（ちゅうい）を守り摂生（せっせい）する |

| 肥 こ-える／こ-やす／こやし ヒ | ・よく肥（こ）えた豚／私腹を肥やす／肥（こ）やし
・肥満体（ひまんたい）／肥料（ひりょう）をまく |

| 凝 ギョウ こ-る／こ-らす | ・一点（いってん）を凝視（ぎょうし）する
・盆栽（ぼんさい）に凝る／肩（かた）が凝る／目を凝らす |

四字熟語

眉目秀麗
（び　もく　しゅう　れい）

意味 顔立ちがすぐれて美しいこと。
「眉目」は、顔のようす、顔立ち。「秀麗」はすぐれて美しいこと。

説明 男性の顔立ちを誉めるのに用いられることが多い。女性の場合は「容姿端麗」。

例文 ・彼女は「眉目秀麗」な彼を目の前にし、恥ずかしそうに顔を赤らめた。

中肉中背
（ちゅう　にく　ちゅう　ぜい）

意味 普通の身長で、普通の体格であること。「中肉」は、太りすぎでも痩せすぎでもなく、ちょうどよい肉づき。「中背」は、身長が高くもなく低くもないこと。

例文 ・犯人は「中肉中背」と言われても、そんな人は大勢いる。

問題 1　（　　）にあてはまる漢字を下から選んで書きなさい。

　　　　必要な場合は形を変えなさい。

① 冬になって空気が乾燥（かんそう）すると、（　　　　）が乾（かわ）きやすくなる。

② 恥（は）ずかしいことを言われて、（　　　　）が赤（あか）くなる。

③ （　　　　）が渇（かわ）いたときは、水分補給（すいぶんほきゅう）が重要だ。

④ （　　　　）を閉（と）じて、彼のことをじっと考える。

⑤ 最近少々（しょうしょう）食べ過ぎで、ズボンの（　　　　）回（まわ）りがきつくなった。

⑥ （　　　　）をかむ癖（くせ）がなかなか直らない。

⑦ 真冬（まふゆ）、気温が下がり道路が凍（こお）ると、滑（すべ）って（　　　　）もちをつくことがある。

⑧ 歳（とし）をとると、（　　　　）やら腰（こし）やらあちこち痛（いた）い。

⑨ タバコの吸（す）い過（す）ぎで、（　　　　）ガンになってしまった。

⑩ 最近、ゴルフに（　　　　）いて、出かけることが多くなった。

⑪ 体力（たいりょく）が（　　　　）きたので、日々の散歩が欠かせない。

⑫ 風邪予防（かぜよぼう）のために、ビタミンC（　　　　）を心（こころ）がけている。

⑬ （　　　　　　）は、古代（こだい）エジプトや、中世ヨーロッパで流行（りゅうこう）したらしい。

⑭ 身体（からだ）を（　　　　）、東京マラソン参加を目指（めざ）している。

　　肺　　鍛える　　錬金術　　凝る　　唇　　尻　　頬　　摂取

　　接種　　胴　　衰える　　顔　　膝　　爪　　瞳　　喉

漢字の下線の読み方で、正しいものに○をつけましょう。

① 昨日<ruby>昨日<rt>きのう</rt></ruby>飲み過ぎて気持ちが悪いので、<u>胃腸薬</u>を<ruby>飲<rt>の</rt></ruby>んだ。

    a. いじょうやく   b. いちゅうやく   c. いちょうやく   d. いちょうぐすり

② 三大<u>疾病</u>とは、がん・<ruby>急性心筋梗塞<rt>きゅうせいしんきんこうそく</rt></ruby>・<ruby>脳卒中<rt>のうそっちゅう</rt></ruby>を<ruby>指<rt>さ</rt></ruby>す。

    a. しつへい   b. しつびょう   c. しつべい   d. しっぺい

③ コロナに<ruby>罹<rt>かか</rt></ruby>らないためには、<u>免疫力</u>を高めることが重要だ。

    a. めんやくりき   b. めんえいりょく   c. めんえきりょく   d. めんやくりょく

④ <ruby>一点<rt>いってん</rt></ruby>を<u>凝視</u>していると、いろいろなものが見えてくる。

    a. こし   b. ぎょうし   c. ぎょし   d. こうし

⑤ 難しい仕事で、<ruby>神経<rt>しんけい</rt></ruby>を<u>消耗</u>する。

    a. しょうもう   b. しょもう   c. しょきょう   d. しょうけい

⑥ <ruby>健康<rt>けんこう</rt></ruby>のために<u>摂生</u>を心がける。

    a. せっしょう   b. せっせい   c. せつせい   d. せつしょう

⑦ よく<u>肥えた</u>土地では、<ruby>作物<rt>さくもつ</rt></ruby>の<ruby>収穫量<rt>しゅうかくりょう</rt></ruby>が多い。

    a. ひえた   b. こえた   c. はえた   d. さえた

⑧ <u>盲導犬</u>は、目の<ruby>不自由<rt>ふじゆう</rt></ruby>な人を<ruby>補助<rt>ほじょ</rt></ruby>する犬だ。

    a. もうどけん   b. もうどういぬ   c. もうどうけん   d. めどうけん

⑨ <ruby>危険<rt>きけん</rt></ruby>な目に<ruby>遭<rt>あ</rt></ruby>い、<u>肝</u>を冷やす。

    a. かん   b. きも   c. きん   d. きむ

1 司法など

| 秘 | ヒ
ひ-める | ・個人の秘密は守るべきだ　　・誰にも黙秘権がある
・無限の可能性を秘めた若者 |

| 密 | ミツ | ・秘密をもらす／内密に処理する
・密集した場所は危険である |

| 摩 | マ | ・肌を摩擦して体を温める
・貿易摩擦が生じる |

| 擦 | サツ
す-れる／
す-る | ・両者の間に摩擦が起きる
・靴擦れで足が痛い／マッチを擦る |

| 締 | テイ
し-まる／
し-める | ・協議の上、条約を締結する
・取り締まり／財布のひもを締める |

カチッ！

| 施 | シ
ほどこ-す | ・新しい条例が施行される
・難民に食糧を施す |

| 衝 | ショウ | ・意見が衝突する
・叫びたい衝動に駆られる |

| 訴 | うった-える
ソ | ・騒音の被害を訴える
・容疑者を告訴する／訴状を読み上げる |

| 訟 ショウ | ・訴訟を起こす
・民事訴訟／刑事訴訟 |

| 審 シン | ・裁判官の審判が下る
・法案を審議する／試合の審判 |

| 償 つぐな-う
ショウ | ・罪を償う
・賠償金を払う／災害時の無償奉仕（無償⇔有償） |

| 執 シツ／シュウ
と-る | ・刑の執行／職務を執行する／執念深い性格
・現場の指揮を執る |

| 是 ゼ | ・是非を問う／是非を論じる
・是非おいでください |

| 憲 ケン | ・憲法第九条
・違憲判決が下される |

2 司法・行政など

廃	ハイ すた-る／ すた-れる	・文書を廃棄する ・一門の名が廃る／流行が廃れる
棄	キ	・粗大ごみを廃棄する ・契約を破棄する／責任を放棄する
却	キャク	・上告を却下する ・借りた本を返却する
陳	チン	・政治家に陳情する ・不祥事を陳謝する／商品を陳列する
貫	カン つらぬ-く	・態度が一貫している／初志を貫徹する ・信念を貫く／痛みが全身を貫く
賠	バイ	・賠償責任を負う ・賠償金を払う
犠	ギ	・戦争の犠牲となる ・テロの犠牲となる
牲	セイ	・交通事故の犠牲者／犠牲を払う

脅	キョウ おびや-かす／ おど-す／おど-かす	・核の脅威におびえる ・平和を脅かす／刃物で脅す／人を脅かす
襲	シュウ おそ-う	・蒙古の襲来に遭う ・熊に襲われる
逮	タイ	・犯人を逮捕する ・逮捕状を請求する
闘	トウ たたか-う	・死闘を繰り広げる ・病気と闘う
詐	サ	・経歴を詐称する ・結婚詐欺の手口
欺	ギ あざむ-く	・詐欺罪で告発される ・人を欺く／敵を欺く

第12章

3 行政など

邦 ホウ	・アメリカ合衆国連邦 （がっしゅうこくれんぽう） ・邦人／邦画／邦楽 （ほうじん／ほうが／ほうがく）

陣 ジン	・先陣を切って戦う （せんじん）（たたか） ・陣地を構える （じんち）（かま）

轄 カツ	・国土交通省の管轄機関 （こくどこうつうしょう）（かんかつ きかん） ・管轄区域／管轄外 （かんかつ くいき／かんかつがい）

拘 コウ	・身柄を拘束される （みがら）（こうそく） ・この仕事は拘束時間が長い （こうそく じかん）

偵 テイ	・敵地の上空を偵察する （てきち）（じょうくう）（ていさつ） ・偵察部隊を派遣する　・私立探偵／探偵小説 （ていさつ ぶたい）（はけん）　（しりつ たんてい）（たんてい）

阻 ソ はば-む	・反対派の入場を阻止する （はんたいは）（にゅうじょう）（そし） ・行く手を阻む （いくて）（はば）

斥 セキ	・外国製品を排斥する （がいこくせいひん）（はいせき） ・排斥運動 （はいせきうんどう）

問題1 （　　　　）の中に当てはまる漢字を右から選んで書きましょう。

① 個人の（　　　　）は守られなければならない。

② 芸能人Mは、また大麻所持で身柄を（　　　　）された。

③ 日本もかつて日本車の（　　　　）運動に遭い、大変な時代があった。

④ ダム建設を（　　　　）するため、大勢の住民が集まった。

⑤ 天皇は○○島を訪れ、戦争で（　　　　）になった人々の魂を弔った。

⑥ 高齢者をねらった（　　　　）の手口は、年々巧妙になる。

⑦ ○○氏の考えは、いつも（　　　　）していて変わらない。

⑧ 政治上の文書は、簡単に（　　　　）してはいけない。

⑨ コロナから身を守るため、人が（　　　　）した場所には行かない。

⑩ 新しい靴で出かけたら（　　　　）で足が痛くなった。

> 拘束
>
> 秘密
>
> 阻止
>
> 破棄
>
> 靴擦れ
>
> 排斥
>
> 犠牲
>
> 詐欺
>
> 一貫
>
> 密集

問題2 下線の漢字の正しい読み方に○を付けましょう。

① 新しい税法が<u>施行</u>される。

（　a. せこう　　　　b. しこう　　　　c. せごう　　　　d. しぎょう　）

② 米中の貿易<u>摩擦</u>は、日本への影響も免れない。

（　a. まさつ　　　　b. まする　　　　c. まもう　　　　d. まっさつ　）

③ 最近、日本では死刑が<u>執行</u>されることはめったにない。

（　a. せこう　　　　b. しつこう　　　c. しっこう　　　d. しつぎょう　）

④ 図書館の本は、一週間以内に<u>返却</u>しなければならない。

（　a. はんきゃく　　b. へんきゃく　　c. へんかく　　　d. へんきゃ　）

⑤ 事故で、被害者に<u>賠償</u>金を請求された。

（　a. ばいしゅう　　b. べいしょう　　c. ばいしょう　　d. ばいしよう　）

実践問題 1

問題1 ＿＿＿の言葉の読み方として最もよいものを、1・2・3・4から1つ選びなさい。

① 聴衆の前で指揮をして緊張した。
　　1　ちょうすう　　2　ちょうしゅう　　3　ちょしゅう　　4　ちゅうしゅん

② 暑い日の塗装の仕事は大変だ。
　　1　としょう　　　2　とうそう　　　　3　とそう　　　　4　とうしょう

③ 小学校の教科書には、文部省唱歌がたくさん紹介されている。
　　1　しょうか　　　2　しょか　　　　　3　しゅうか　　　4　ちょうか

④ 料亭で働き、料理の腕を磨く。
　　1　まく　　　　　2　みがく　　　　　3　ひく　　　　　4　たたく

⑤ 妻同伴で、パーティーに参加する。
　　1　どうはん　　　2　どはん　　　　　3　とうはん　　　4　でいはん

⑥ 日本での就職を諦めて、帰国することにした。
　　1　あらきめて　　2　やめて　　　　　3　あきらめて　　4　しめて

⑦ 会社の経営が厳しいので、社員を削減する。
　　1　せつげん　　　2　さつげん　　　　3　さくけん　　　4　さくげん

⑧ 相手チームが小さいからといって、侮ってはいけない。
　　1　あんどって　　2　あなどって　　　3　けって　　　　4　あぬどって

問題2 ＿＿＿の言葉を漢字に直す時、最もよいものを1・2・3・4から選びなさい。

⑨ 重要な場面なのでしんちょうに行動しよう。
　　1　慎重に　　　　2　身調に　　　　　3　深重に　　　　4　新調に

⑩ 二つの会社をがっぺいして、新たにスタートする。
　　1　合併　　　　　2　合平　　　　　　3　月併　　　　　4　合閉

⑪ 学生時代は、むさぼるように本を読んだものだ。
　　1　無差る　　　　2　貪る　　　　　　3　無食る　　　　4　夢さぼる

⑫ 大学に合格し、希望に胸がおどる。
　　1　踊る　　　　　2　跳る　　　　　　3　躍る　　　　　4　逸る

⑬ 食事が済んだので、きれいにテーブルをふく。
　　1　拭く　　　　　2　掃く　　　　　　3　吹く　　　　　4　空く

⑭ 演奏会でショパンの名曲をきき、感動した。
　　1　聞き　　　　　2　聴き　　　　　　3　引き　　　　　4　描き

⑮ レポートの提出期限がせまっているので、とても忙しい。
　　1　責って　　　　2　背って　　　　　3　迫って　　　　4　締って

⑯ 大きな地震で地面がさけるのを見て驚いた。
　　1　避ける　　　　2　裂ける　　　　　3　咲ける　　　　4　削ける

問題1 ＿＿＿＿＿の読み方として最もよいものを、1・2・3・4から1つ選びなさい。

① 彼は忍耐強い人なので、仕事を途中であきらめない。
　　1　じんたいつよい　　2　にんたいづよい　3　にんたつよい　4　にんじつよい

② 何事も「当たって砕けろ」の精神でがんばろう。
　　1　うけろ　　　　　　2　くたけろ　　　　3　くだけろ　　　4　さいけろ

③ 家事と仕事との板挟みで、苦しい思いをしている。
　　1　ばんはさみ　　　　2　いたはさみ　　　3　いたばさみ　　4　いたしみ

④ 演奏のすばらしさに、思わず感嘆の声を上げた。
　　1　かんどう　　　　　2　かんめい　　　　3　かんしん　　　4　かんたん

⑤ 合格の知らせに狂喜する。
　　1　きょうき　　　　　2　きょうたん　　　3　かんき　　　　4　らんぶ

⑥ 突然地震が起きたので、とてもあわてた。
　　1　とうぜん　　　　　2　とっせん　　　　3　とつせん　　　4　とつぜん

⑦ 朝寝坊して時間がなくなり、焦ることがある。
　　1　あわてる　　　　　2　あせる　　　　　3　あぜる　　　　4　こげる

⑧ 買った商品に欠陥があった場合、キャンセルすることができる。
　　1　けつかん　　　　　2　けかん　　　　　3　けってん　　　4　けっかん

問題2 ＿＿＿＿＿の言葉を漢字に直す時、最もよいものを1・2・3・4から選びなさい。

⑨ 今日は新たに開店する日だ。新しい看板をかかげよう。
　　1　掲げよう　　　　　2　揚げよう　　　　3　挙げよう　　　4　下げよう

⑩ カーテンで直射日光をさえぎったら、住みやすくなった。
　　1　遮ったら　　　　　2　塞ったら　　　　3　切ったら　　　4　防ったら

⑪ 新しい会社を立ち上げるため、資金集めにとうほんせいそうする。
　　1　東本西走　　　　　2　東奔疾走　　　　3　東奔西走　　　4　途奔西走

⑫ 病気をこくふくして、ようやく健康になった。
　　1　克服　　　　　　　2　克福　　　　　　3　直福　　　　　4　告服

⑬ 血液のじゅんかんがよくなるように、運動を試みる。
　　1　順間　　　　　　　2　充環　　　　　　3　循間　　　　　4　循環

⑭ 試験が終わって、気がゆるんでしまった。
　　1　揺んで　　　　　　2　緩んで　　　　　3　弛んで　　　　4　張んで

⑮ Aさんは足が速く、校内ではしゅんそくの持ち主として有名だ。
　　1　秀足　　　　　　　2　鈍足　　　　　　3　俊足　　　　　4　順足

⑯ 彼はどんな困難にも立ち向かうゆうかんな少年だ。
　　1　勇敢な　　　　　　2　有感な　　　　　3　遊嵌な　　　　4　勇気な

じっせん もんだい

実践問題 3

問題1 _____の読み方として最もよいものを、1・2・3・4から1つ選びなさい。

① 最近、怠惰な生活を送っている。何とかしなければ。

　　1　たいじょう　　　　2　たいだ　　　3　だいだ　　　　4　ていだ

② 神父は、寛大な心で彼の罪を許した。

　　1　かんたいな　　　　2　ひろだいな　　　3　かんだいな　　　4　じんだいな

③ 彼女は喜怒哀楽の激しいところがあるが、素直な人だ。

　　1　きどあいらく　　　2　きどうあいらく　　　3　きとあいら　　　4　きどあいら

④ Aさんの住まいは、閑静な住宅街にある。

　　1　へいせいな　　　　2　かんさいな　　　　3　かんせいな　　　4　かそうな

⑤ 天候不順が続き、憂鬱な気分になっている。

　　1　ゆうつな　　　　　2　ゆううつな　　　　3　ゆうそうな　　　4　ううつ

⑥ 海の資源が減ったため、稚魚を育てる漁業に変わってきた。

　　1　ようぎょ　　　　　2　ちぎょ　　　　　3　ちご　　　　　4　ちぎょう

⑦ 赤い車が、猛烈なスピードで目の前を駆け抜けて行った。

　　1　もうれつな　　　　2　もれつな　　　3　もうれいな　　　4　もれいな

⑧ 花では、殊にバラが好きだ。

　　1　おもに　　　　　　2　とくに　　　　　3　しゅに　　　　4　ことに

問題2 _____の言葉を漢字に直す時、最もよいものを1・2・3・4の中から選びなさい。

⑨ 彼は、まだ経験がとぼしく未熟である。

　　1　乏しく　　　　　　2　貧しく　　　　　3　粗く　　　　　4　楽しく

⑩ あとでこうかいしないように、今頑張ろう。

　　1　後回　　　　　　　2　後悔　　　　　　3　行回　　　　　4　後悔

⑪ 遺産を巡るみにくい争いは、死者にむち打つ行為だ。

　　1　見憎い　　　　　　2　見難い　　　　　3　診難い　　　　4　醜い

⑫ チャイムが鳴ると、みんないっせいに立ち上がり帰って行った。

　　1　一斉に　　　　　　2　一静に　　　　　3　一精に　　　　4　一制に

⑬ 新しくできた店は、味もさることながらふんいきもいい。

　　1　分意気　　　　　　2　雰囲気　　　　　3　奮意気　　　　4　分息

⑭ 老後は、田舎に帰りゆうゆうと暮らしたい。

　　1　雄祐と　　　　　　2　優々と　　　　　3　悠々と　　　　4　勇々と

⑮ 片足立ちをしてへいこう感覚を養う。

　　1　平行　　　　　　　2　平衡　　　　　　3　並行　　　　　4　平公

⑯ 栄養がかたよらないように、バランスの良い食事をしよう。

　　1　偏らない　　　　　2　肩寄らない　　　3　片依らない　　　4　編らない

実践問題 4

問題1 _____の読み方として最もよいものを、1・2・3・4から1つ選びなさい。

① これからは、婚姻届にハンコが不要になるらしい。

　　1 こいんとどけ　　2 こういんとどけ　　3 こんいんとどけ　　4 こんいんととけ

② 老婆心から言わせてもらえば、その一言は言い過ぎです。

　　1　ろうばしん　　2　ろうばこころ　　3　ろんばしん　　4　おいばしん

③ 貴重品は、肌身離さず持っていてください。

　　1　きじゅうひん　2　きちょうひん　　3　きちゅうひん　4　きちょうしん

④ 人々はみな、自然の恩恵を受けて生活しているはずだ。

　　1　おうけい　　　2　おんし　　　　　3　おんけい　　　4　おんぎ

⑤ 誰もがみな、楽しい人生を送りたいと思っている。

　　1　いんせい　　　2　にんせい　　　　3　じんしょう　　4　じんせい

⑥ A教授は、東洋哲学の権威として有名である。

　　1　けんい　　　　2　けんじ　　　　　3　けんりょく　　4　けんし

⑦ 両親の忠告に耳を傾ける。

　　1　ちゅうぎ　　　2　ちゅうこく　　　3　ちょうこく　　4　ちゅうこん

⑧ 疑問を感じると、匿名で投書することがある。

　　1　とうめい　　　2　とくみょう　　　3　とくめい　　　4　とめい

問題2 _____の言葉を漢字に直す時、最もよいものを1・2・3・4の中から選びなさい。

⑨ 祖父のゆいごんにより、莫大な遺産を手に入れることとなった。

　　1　唯言　　　　　2　遺言　　　　　　3　悠言　　　　　4　遺魂

⑩ 最近は、かんこんそうさいによる出費が多い。

　　1　韓婚葬祭　　　2　冠婚葬祭　　　　3　冠婚葬斎　　　4　結婚葬儀

⑪ 祖母のいっしゅうきのため、田舎に帰る。

　　1　一週紀　　　　2　一周期　　　　　3　一周忌　　　　4　一修期

⑫ 若くして死ぬことをようせいという。

　　1　夭逝　　　　　2　天逝　　　　　　3　夭折　　　　　4　若折

⑬ 伝統工業は、せいこん込めて仕事をする人たちに支えられている。

　　1　精根　　　　　2　精魂　　　　　　3　清魂　　　　　4　誠魂

⑭ Aさんは毎日国に電話をするおやこうこうな人だ。

　　1　親好行な　　　2　親子孝な　　　　3　親孝行な　　　4　新孝行な

⑮ 従妹の結婚式があり、久々にしんせきが集まった。

　　1　新籍　　　　　2　親戚　　　　　　3　新戚　　　　　4　親寂

⑯ 老人福祉施設で、ほうし活動をする。

　　1　奉仕　　　　　2　働仕　　　　　　3　法仕　　　　　4　奉士

第13章

実践問題 5

問題1 ＿＿＿の読み方として最もよいものを、1・2・3・4から1つ選びなさい。

① 最近アルバイトで忙しく、成績があまり<u>芳しく</u>ない。
　　1　こうばしく　　　2　かんばしく　　　3　ほうしく　　　4　ほうばしく
② 台所から、何か<u>焦げ臭い</u>においがする。
　　1　こげくさい　　　2　あげくさい　　　3　こげくしい　　　4　こげいい
③ <u>沸騰</u>したお湯で、カップラーメンを作る。
　　1　ふとう　　　　　2　ゆっとう　　　　3　ふっとう　　　　4　ふつとう
④ 自炊生活をすると決めて、まず<u>炊飯器</u>を買った。
　　1　すうはんき　　　2　すいはんぐ　　　3　すいはんき　　　4　めしたきき
⑤ <u>食器棚</u>に、お皿や茶わんを入れる。
　　1　そっきだな　　　2　しょっきたな　　3　しょっきだな　　4　しょくきだな
⑥ 大きな<u>網</u>で、一挙に魚を捕る。
　　1　あみ　　　　　　2　つな　　　　　　3　なわ　　　　　　4　あめ
⑦ 城の周囲に大きな<u>堀</u>を作る。
　　1　へい　　　　　　2　もん　　　　　　3　ほり　　　　　　4　さく
⑧ 日本の水道は<u>蛇口</u>をひねると、きれいな飲める水が出てくる。
　　1　じゃこう　　　　2　じゃくち　　　　3　じゃぐち　　　　4　だこう

問題2 （　　　）に入れるのに最もよいものを、1・2・3・4から1つ選びなさい。

⑨ 今年は台風で、米の（　　　　）が激減した。
　　1　収穫　　　　　　2　秀穫　　　　　　3　修獲　　　　　　4　収積
⑩ 山で（　　　）の足跡を見つける。
　　1　毛物　　　　　　2　獣　　　　　　　3　獲物　　　　　　4　化物
⑪ 通勤はやや大変だが、（　　　　）の方が快適に生活できる。
　　1　郊外　　　　　　2　交街　　　　　　3　効外　　　　　　4　公外
⑫ ある事件で両国間の（　　　）は、いっそう深まった。
　　1　壁　　　　　　　2　溝　　　　　　　3　板　　　　　　　4　堀
⑬ 最近、何でも使い捨ての（　　　　　）が見直されてきた。
　　1　風潮　　　　　　2　伝統　　　　　　3　風習　　　　　　4　感覚
⑭ 毎日（　　　　）の空ばかりで、心がすっきりしない。
　　1　雲天　　　　　　2　晴天　　　　　　3　曇天　　　　　　4　同天
⑮ 妊娠すると、（　　　　）ものが食べたくなるらしい。
　　1　素っぱい　　　　2　酸っぱい　　　　3　辛い　　　　　　4　塩っぽい
⑯ （　　　）に刺されると、痛いし痒い。
　　1　蝶　　　　　　　2　蚊　　　　　　　3　蛇　　　　　　　4　蛍

実践問題 6

問題 1 _____ の読み方として最もよいものを、1・2・3・4から1つ選びなさい。

① 荒地を開拓して畑をつくる。

   1　かいこん　　　　2　かいこう　　　　3　かいたく　　　4　かいし

② 稲作農家は、春夏秋が忙しく、冬は比較的時間があるので他の仕事に就く人もいる。

   1　いねさく　　　　2　とうさく　　　　3　いなさく　　　4　いねづくり

③ 商売が繁盛して、会社が大きくなった。

   1　はんじょう　　　2　はんせい　　　　3　はんしょう　　4　はんえい

④ 大型船舶で、世界旅行をする。

   1　せんせき　　　　2　せんはく　　　　3　せんぱく　　　4　せんしゅう

⑤ Aさんの献身的な看病により、Bさんは病気を克服できた。

   1　こんしんてきな　2　けんしんてきな　3　けんみてきな　4　せいしんてきな

⑥ インターネットのあふれる情報は、取捨選択をしながら取り入れなければならない。

   1しゅしゃせんべつ　2しゅしゃせんたく　3しゅじゅせんたく　4ししゅせんたく

⑦ Cさんは、障害を乗り越えて、パラスポーツを始めた。

   1　きりこえて　　　2　のりかえて　　　3　のりこえて　　4　きりかえて

⑧ マンションのオーナーに家賃を請求された。

   1　せんきゅう　　　2　こうきゅう　　　3　せいきょう　　4　せいきゅう

問題 2 （　　　）に入れるのに最もよいものを、1・2・3・4から1つ選びなさい。

⑨ 羊の毛を（　　　）仕事は、手仕事なので大変だ。

   1　狩る　　　　　　2　駆る　　　　　　3　刈る　　　　　4　切る

⑩ 仕事が忙しく、疲労が（　　　）する。

   1　畜積　　　　　　2　蓄積　　　　　　3　蓄績　　　　　4　畜析

⑪ 入社式で（　　　）な服装をし、思いっきり目立ってしまった。

   1　派手　　　　　　2　羽出　　　　　　3　派出　　　　　4　羽手

⑫ 家族を（　　　　　　　）人がいるのは迷惑なことだ。

   1　返り見ない　　　2　顧みない　　　　3　省みない　　　4　帰り見ない

⑬ 大学のゼミに出席して、大きな（　　　　）があった。

   1　収穫　　　　　　2　収獲　　　　　　3　修穫　　　　　4　習穫

⑭ 観光地では、市内を（　　　　）するバスがある。

   1　巡廻　　　　　　2　循回　　　　　　3　巡回　　　　　4　順回

⑮ コロナ禍で、（　　　　）の人通りが少ない。

   1　飯家街　　　　　2　繁華街　　　　　3　繁花街　　　4　繁華町

⑯ Aさんは、いつも周りに気を（　　　　）過ぎて疲れてしまう。

   1　使い　　　　　　2　遣い　　　　　　3　付かい　　　4　塚い

実践問題 7

問題1 _____ の読み方として最もよいものを、1・2・3・4から1つ選びなさい。

① 前社長が、会社の礎を築いた。
　　1　きそ　　　　　2　いしずえ　　　　3　いしつえ　　　　4　もと
② 難解な語句が多いので、途中に注釈をつけることにした。
　　1　かいしゃく　　2　ちゅうい　　　　3　ちゅうしゃく　　4　ちゅうやく
③ 選挙の候補者に推されて立候補したものの、勝利はなかなか難しい。
　　1　だされて　　　2　さされて　　　　3　たされて　　　　4　おされて
④ 戦争から無事帰還した彼は、事実を克明に語った。
　　1　こくめいに　　2　こうめいに　　　3　こくみょうに　　4　かいめいに
⑤ 屋根のてっぺんに、黄色い旗が翻っていた。
　　1　あがって　　　2　ひるがえって　　3　かえって　　　　4　おおって
⑥ 彼の話は、ときどき矛盾していることがある。
　　1　むじん　　　　2　むうじゅん　　　3　むじゅん　　　　4　むとん
⑦ 本のページを繰りながら、主人公の気持ちを想像した。
　　1　くりながら　　2　めくりながら　　3　はりながら　　　4　きりながら
⑧ コロナの蔓延で、経済の先行きが懸念される。
　　1　けんねん　　　2　ざんねん　　　　3　けねん　　　　　4　けえねん

問題2 （　　　　）に入れるのに最もよいものを、1・2・3・4から1つ選びなさい。

⑨ 教授の（　　　　）本を参考に、レポートを書く。
　　1　進める　　　　2　勧める　　　　　3　薦める　　　　　4　責める
⑩ 一族の（　　　　）をたどると、先祖は武士だったらしい。
　　1　系譜　　　　　2　学譜　　　　　　3　家史　　　　　　4　系統
⑪ 彼女は（　　　　）して尼になったが、今は小説も書いている。
　　1　家出　　　　　2　出家　　　　　　3　周世　　　　　　4　出世
⑫ 彼は（　　　　）をもらって、学業に励んでいる。
　　1　給料　　　　　2　奨励金　　　　　3　貸付金　　　　　4　奨学金
⑬ パスポートを持ち（　　　　）手続きをする。
　　1　途上　　　　　2　登乗　　　　　　3　搭乗　　　　　　4　塔場
⑭ 空が夕日に（　　　　）きれいだ。
　　1　染みて　　　　2　染まって　　　　3　返って　　　　　4　翻って
⑮ 喉が痛いので（　　　　）に行って診てもらう。
　　1　耳鼻咽喉科　　2　眼科　　　　　　3　整形外科　　　　4　診療科
⑯ 過去には、（　　　　）が税金の代わりになったことがあった。
　　1　飲料水　　　　2　穀物　　　　　　3　野菜　　　　　　4　衣服

問題解答編

確認問題【1】～【22】解答

【1】問題1　①b（ふ）　②b（しか）　③b（たず）　④a（ぬ）　⑤a（みが）
問題2　①扱って　②眺め　③唱える　④伏せて　⑤聴く　⑥避け（避けて）　⑦諦め（諦めて）
⑧伴い（伴って）

【2】問題1　①譲　②削って　③侮って　④褒め　⑤慰められ　⑥挿し（て）　⑦諭され　⑧貪る
⑨奮う　⑩合併し
問題2　①(f)　②(a)　③(b)　④(d)　⑤(c)　⑥(e)　⑦(h)　⑧(g)

【3】問題1　①b　②b　③b　④b　⑤b
問題2　①黙って　②迫って　③輝く（輝いている）　④劣る　⑤挑む（挑んだ）　⑥操る　⑦誓
う（誓った）

【4】問題1　①とつぜん　あわてて　②おおわれた　③おしんで　④はさまって　⑤なげかわしい
⑥いこい　⑦にんたい　⑧くるって　⑨はさむ
問題2　①驚いた　②忍ばせて　③揺れる　④砕けろ　⑤惜しい　⑥忍者　⑦休憩　⑧耐え
⑨慌ただしく　⑩感嘆

【5】問題1　①掲げよう　②抑える　③尽くす　④焦る　⑤添えて　⑥控えた　⑦紛らす　⑧偽物
問題2　①さえぎったら　d　②a　かけて　③つきて　bかんらく　④めんきょ　e　⑤さとり
cひなん　⑥f　とげて　⑦ふんしつ　hはじ　⑧g　ひかえた

【6】問題1　①続けて　②育てて／飼って　③乗り越えて（治して）　④休もう　⑤撮る（写真に撮る）
⑥回る　⑦消されて　⑧納める
問題2　①選　②納　③催　④募　⑤再　⑥掲　⑦歓　⑧披

【7】問題1　①緩やかな（ゆるやか）　②穏やかな（おだやか）　③滑らか（なめらか）　④愚かな（お
ろか）　⑤惨めな（みじめ）　⑥朗らかな（ほがらか）　⑦哀れな（あわれ）　⑧巧み（たくみ）
問題2　①ゆうふくな（f）　②おつな（c）　③たいだな（d）　④ゆうかんな（a）　⑤かんだいな
（b）　⑥かんせいな（e）　⑦ごうかな（k）　⑧へいぼんな（g）　⑨じょうぶな（h）　⑩ようちな
（i）　⑪ゆかいな（j）

【8】問題1　①寂しい（さびしい）　②悔しい（くやしい）　③乏しい（とぼしい）　④粗い（あらい）
⑤疎い（うとい）　⑥懐かしく（なつかしく）　⑦卑しい（いやしい）　⑧羨ましい（うらやましい）
問題2　①みにくい（b）　②あやしい（a）　③かんだかい（d）　④うるわしい（c）　⑤きびしい
（g）　⑥なつかしい（e）　⑦とぼしい（f）　⑧いやしい（h）

【9】問題1　①一斉（いっせい）　②過剰（かじょう）　③適宜（てきぎ）　④逐次（ちくじ）　⑤雰囲
気（ふんいき）　⑥悠々（ゆうゆう）　⑦旬（しゅん）　⑧感慨（かんがい）　⑨盲信（もうしん）　⑩
飽食（ほうしょく）
問題2　①（a）じょじょ　②（d）ひんぱん　③（f）まんえつ　④（c）またたくま　⑤（b）え
んりょ　⑥（e）ゆいいつ

【10】問題1　①縁（えん）　②親戚（しんせき）　③婚姻（こんいん）　④転嫁（てんか）　⑤家系（か
けい）　⑥恩師（おんし）　⑦中継（ちゅうけい）
問題2　①（c）　②（d）　③（b）　④（b）　⑤（a）　⑥（c）

【11】問題1 ①精魂（せいこん） ②墓参り（はかまいり） ③遺言（ゆいごん） ④親孝行（おやこうこう） ⑤匿名（とくめい） ⑥故郷（こきょう） ⑦一周忌（いっしゅうき） ⑧孤独（こどく）
問題2 ①葬式 ②逝く ③忌む ④奉仕 ⑤年賀状 ⑥忠告

【12】問題1 ①（g） ②（f） ③（b） ④（c） ⑤（d） ⑥（e） ⑦（a） ⑧（a） ⑨（g） ⑩（f）
⑪（b） ⑫（c） ⑬（d） ⑭（e）
問題2 ①沸騰（ふっとう） ②煮る（にる） ③自炊（じすい） ④揚がる（あがる） ⑤芋（いも） ⑥昆虫（こんちゅう） ⑦芳し（かんばし） ⑧食卓（しょくたく）

【13】問題1 ①（b） ②（b） ③（a） ④（c） ⑤（c） ⑥（b） ⑦（a） ⑧（c） ⑨（b） ⑩（a）
問題2 ①文房具 ②食器棚 ③元栓 ④鉢巻 ⑤絞って ⑦鋭い ⑧本棚

【14】問題1 ①歯茎 ②新幹線 ③芽 ④収穫 ⑤蛇口 ⑥郊外 ⑦紅葉狩り ⑧蛇行
問題2 ①（c） ②（b） ③（d） ④（a） ⑤（b） ⑥（d） ⑦（a） ⑧（c） ⑨（c） ⑩（b）

【15】問題1 ①濁って（にごって）澄んだ（すんだ） ②風潮（ふうちょう） ③沿って（そって） ④溝（みぞ） ⑤沈没（ちんぼつ） ⑥没頭（ぼっとう） ⑦曇天（どんてん）
問題2 ①（g） ②（c） ③（b） ④（f） ⑤（d） ⑥（e） ⑦（a） ⑧（f） ⑨（e） ⑩（b）
⑪（c） ⑫（d） ⑬（a）

【16】問題1 ①（a） ②（b） ③（b） ④（c） ⑤（a） ⑥（b）
問題2 ①すずめ ②はと ③からす ④きば ⑤とりにく ⑥つばさ ⑦せんばづる ⑧かも ⑨けいこう

【17】問題1 ①（a） ②（b） ③（b） ④（c） ⑤（b） ⑥（c） ⑦（b） ⑧（a） ⑨（b） ⑩（b）
問題2 ①かいこ ②せいきゅう ③りっぱな ④へんかん ⑤がいりゃく ⑥こんだて ⑦じゅんかい ⑧だきょう ⑨はんかがい

【18】問題1 ①志し（ここにろざし）一生懸命（いっしょうけんめい） ②指揮（しき） ③矛盾（むじゅん） ④繰り返し（くりかえし）発揮（はっき） ⑤範囲（はんい） ⑥浸り（ひたり／つかり）浸って（ひたって／つかって） ⑦監視（かんし） ⑧解答欄（かいとうらん）
問題2 （1）①（d） ②（e） ③（b） ④（f） ⑤（c） ⑥（a） （2）①（e） ②（a） ③（f） ④（d） ⑤（c） ⑥（b）

【19】問題1 ①（a） ②（b） ③（c） ④（b） ⑤（c） ⑥（a） ⑦（b） ⑧（c） ⑨（b） ⑩（b）
問題2 ①（こうしょう） ②（さむらい）（きし） ③（おしょう） ④（しょうぞうが） ⑤（くさり） ⑥（あま） ⑦（えんそうかい） ⑧（きてき） ⑨（ふうぞく）

【20】問題1 ①（b） ②（d） ③（b） ④（c） ⑤（a） ⑥（c） ⑦（a） ⑧（c）
問題2 ①（皇帝）（崇拝） ②（名誉） ③（栄冠） ④（歴史） ⑤（古墳） ⑥（国旗）

【21】問題1　①（唇）　②（頬）　③（喉）　④（瞳）　⑤（胴）　⑥（爪）　⑦（尻）　⑧（膝）⑨（肺）
　　　　⑩（凝って）　⑪（衰えて）　⑫（摂取）　⑬（錬金術）　⑭（鍛え／鍛えて）
　　　問題2　①（c）　②（d）　③（c）　④（b）　⑤（a）　⑥（b）　⑦（b）　⑧（c）　⑨（b）
【22】問題1　①（秘密）　②（拘束）　③（排斥）　④（阻止）　⑤（犠牲）　⑥（詐欺）　⑦（一貫）⑧
　　　　（破棄）　⑨（密集）　⑩（靴擦れ）
　　　問題2　①（b）　②（a）　③（c）　④（b）　⑤（c）

実践問題【1】〜【7】解答

【1】問題1　①（2）　②（3）　③（1）　④（2）　⑤（1）　⑥（3）　⑦（4）　⑧（2）
　　　問題2　⑨（1）　⑩（1）　⑪（2）　⑫（3）　⑬（1）　⑭（2）　⑮（3）　⑯（2）
【2】問題1　①（2）　②（3）　③（3）　④（4）　⑤（1）　⑥（4）　⑦（2）　⑧（4）
　　　問題2　⑨（1）　⑩（1）　⑪（3）　⑫（1）　⑬（4）　⑭（2）　⑮（3）　⑯（1）
【3】問題1　①（2）　②（3）　③（1）　④（3）　⑤（2）　⑥（2）　⑦（1）　⑧（4）
　　　問題2　⑨（1）　⑩（2）　⑪（4）　⑫（1）　⑬（2）　⑭（3）　⑮（2）　⑯（1）
【4】問題1　①（3）　②（1）　③（2）　④（3）　⑤（4）　⑥（1）　⑦（2）　⑧（3）
　　　問題2　⑨（2）　⑩（2）　⑪（3）　⑫（1）　⑬（3）　⑭（3）　⑮（2）　⑯（1）
【5】問題1　①（2）　②（1）　③（3）　④（2）　⑤（3）　⑥（1）　⑦（3）　⑧（3）
　　　問題2　⑨（1）　⑩（2）　⑪（1）　⑫（2）　⑬（1）　⑭（3）　⑮（2）　⑯（2）
【6】問題1　①（3）　②（3）　③（1）　④（3）　⑤（2）　⑥（2）　⑦（3）　⑧（4）
　　　問題2　⑨（3）　⑩（2）　⑪（1）　⑫（2）　⑬（1）　⑭（3）　⑮（2）　⑯（2）
【7】問題1　①（2）　②（3）　③（4）　④（1）　⑤（2）　⑥（3）　⑦（1）　⑧（3）
　　　問題2　⑨（3）　⑩（1）　⑪（2）　⑫（4）　⑬（3）　⑭（2）　⑮（1）　⑯（2）

【監修者・著者紹介】

◎留学生就職サポート協会：2019年、一般社団法人として設立。日本の企業で働くことを希望する留学生と企業とのマッチングを図るほか、留学生と企業に向けて就職にかかわる教育・啓発活動を行い、優秀な外国人留学生の日本企業への就職を実現している。

◎渡部聡子：日本語学校講師

よくわかる！日本語能力試験　Ｎ１合格テキスト　漢字

2021年3月30日　初版第1刷発行

監　　修　一般社団法人　留学生就職サポート協会
著　　者　渡部聡子
発行者　森下紀夫
発行所　論 創 社

〒101-0051 東京都千代田区神田神保町 2-23　北井ビル
tel. 03（3264）5254　fax. 03（3264）5232　http://ronso.co.jp
振替口座　00160-1-155266

本文・カバーデザイン　岡本美智代（mos96）
印刷・製本　中央精版印刷　組版　ポリセント
ISBN978-4-8460-2031-6
落丁・乱丁本はお取り替えいたします。